Das Civil-G8-Dialogforum:
Eine neue Form der Einbindung der Zivilgesellschaft
und eine neue Aktionsform für Nichtregierungsorganisationen?

Susanne Schäfer

# Das Civil-G8-Dialogforum:

# Eine neue Form der Einbindung der Zivilgesellschaft und eine neue Aktionsform für Nichtregierungsorganisationen?

Verlag Dirk Koentopp

Schäfer, Susanne:
Das Civil-G8-Dialogforum:
Eine neue Form der Einbindung der Zivilgesellschaft und eine neue Aktionsform für Nichtregierungsorganisationen?
Osnabrück: Verlag Dirk Koentopp, 2009
ISBN 978-3938342-16-9

Titelfoto:
Susanne Schäfer: Namensschilder von Sherpas bei der Diskussion am „Runden Tisch".

**ISBN 978-3938342-16-9**


Herstellung: Books on Demand GmbH

Printed in Germany

# Inhaltsverzeichnis

## Verzeichnis der Abbildungen



## Verzeichnis der Abkürzungen

BDI ........ Bundesverband der Deutschen Industrie
BDKJ ........ Bund der Katholischen Jugend
BIAC ........ The Business and Industry Advisory Committee to the OECD
BMELV ..... Bundesministerium für Ernährung, Landwirtschaft und Verbraucherschutz
BMG ........ Bundesministerium für Gesundheit
BMJ ........ Bundesministerium der Justiz
BMU ........ Bundesministerium für Umwelt, Naturschutz und Reaktorsicherheit
BMWI ........ Bundesministerium für Wirtschaft und Technologie
BMZ ........ Bundesministerium für wirtschaftliche Zusammenarbeit und Entwicklung
BUND ........ Bund für Umwelt und Naturschutz Deutschland e.V.
DNR ........ Deutscher Naturschutzring e.V.
DGB ........ Deutscher Gewerkschaftsbund
EED ........ Evangelischer Entwicklungsdienst
EKD ........ Evangelische Kirche Deutschlands
EU ........ Europäische Union
IHK ........ Industrie-und Handelskammer
IFPMA..... International Federation of Pharmaceutical Manufacturers & Assosications
NABU ........ Naturschutzbund Deutschland e.V.
NEPAD ........ New Partnership for African's Development
NGO ........ Non Governmental Organization

NRO ........ Nichtregierungsorganisation

TRIPS ........ Agreement on Trade-Related Aspects of Intellectual Property Rights

UNO ........ United Nations Organization

VENRO .. Verband Entwicklungspolitik Deutscher Nichtregierungsorganisationen e.V.

WEED ........ World, Economy, Ecology & Development

WTO ........ World Trade Orgainization / Welthandelsorganisation

WWF ........ World Wild Fund for Nature

## Vorwort von Prof. Dr. Ralf Kleinfeld

Das vorliegende Buch ist die leicht überarbeitete Version einer Ende 2008 von mir mit Bestnote im Fachbereich Sozialwissenschaften der Universität Osnabrück bewerteten und ausgezeichneten Abschlussarbeit im Bachelorstudiengang Sozialwissenschaften/ Social Sciences. Trotz der mit drei Monaten sehr kurzen Bearbeitungsfrist kann die vorliegende Studie von Frau Schäfer als ein eigenständiger und innovativer Beitrag zur Forschung im Bereich Zivilgesellschaft und Nichtregierungsorganisationen angesehen werden.

Beispielhaft benutzt die Verfasserin die Methode der teilnehmenden Beobachtung und zeigt dabei quasi en passant auf, dass außeruniversitäre Aktivitäten ihren eigenen wissenschaftlichen Nutzwert haben können. Die Arbeit von Frau Schäfer beschreibt und analysiert unter Zuhilfenahme einschlägiger sozialwissenschaftlicher Forschungsansätze, Akteure, Verlauf, Ergebnisse und Eigenarten des Civil-G8-Dialgoforums anlässlich des G8-Treffens in Heiligendamm 2007.

Die formidable Leistung dieser Studie, die das durchschnittliche Anforderungsniveau einer BA-Arbeit bei weitem überschreitet, wird abgerundet durch eine vorbildliche handwerkliche Qualität und einen überaus gut lesbaren, präzisen Stil.

Die formalisierte Kooperation zwischen Organisationen bzw. Repräsentanten internationaler Nichtregierungsorganisationen einerseits und einem informellen

Gremium der wichtigsten Regierungschefs der Welt (G8-Gipfel), das regelmäßig die Zielscheibe globalisierungskritischer Gruppen ist, gehört weder zum konventionellen Fundus im Handlungsrepertoire von NGO noch zum Alltag ihrer Repräsentanten. Die Arbeit von Frau Schäfer trägt deshalb dazu bei, eine nicht ganz selbstverständliche Form der Kooperation an der Schnittstelle von Staat und Zivilgesellschaft, nationaler und transnationaler Governance in den öffentlichen Fokus zu rücken.

Eingeführt wurde dieser Dialog zwischen Vertretern der seit 1975 stattfindenden G8 Gipfel und der Zivilgesellschaft ausgerechnet vom russischen Präsidenten Putin, dem ein sehr funktionales Verständnis für zivilgesellschaftliche Gruppen zugeschrieben wird. Da hinter einem solchen Standard auch andere einladenden Teilnehmerstaaten nur schwer zurückstehen können, fand auch anlässlich des Gipfels 2007 in Heiligendamm ein derartiges Treffen – das sog. Civil-G8-Dialagforum – statt. An dem zweitägigen Dialogforum in Bonn hat die Verfasserin der Arbeit in journalistischer Funktion teilgenommen. Zusätzlich hat sie mehrere längere Interviews mit Teilnehmern und Koordinatoren geführt.

Ein eigener Unterpunkt widmet sich der Kritik an diesem Dialogforum, das vor allem auch in Reihen der globalisierungskritischen NGO nicht unumstritten ist, weil man hier mit denjenigen Politikern kooperiert, gegen die sich die großen Antigipfel-Demonstrationen richten. Frau Schäfer zeigt sehr gut nachvollziehbar auf, dass es sich bei dem Civil-G8-Dialogforum um eine neue Aktions- und Einbindungsform handelt, die man als konventionell hinsichtlich des Aktionscharakters und als kooperativ hinsichtlich ihres Einbindungscharakters beschreiben kann. Mit dem Dialogforum werden die informellen Kontakte zwischen NGOs und G8-Teilnehmer in einem öffentlichen Raum strukturiert und formalisiert, auch wenn es sich hier primär um eine Form symbolischer Politik und Kooperation handelt.

Prof. Dr. Ralf Kleinfeld
Vergleichende Politikwissenschaft

## Vorwort der Autorin

Im Februar 2007 habe ich als Stipendiatin der Konrad-Adenauer-Stiftung an der Themenakademie „G8-Gipfel in Deutschland: Die Welt blickt auf Heiligendamm“ teilgenommen. Ziel dieses Seminars war es, mit einer Gruppe von fünfzehn Studierenden aus ganz Deutschland ein Magazin zum G8-Gipfel zu erstellen. Jeder von uns musste einen kreativen und innovativen Themenvorschlag unterbreiten. Bei der Recherche stieß ich auf eine Internetseite, auf der über ein „Civil-G8“ in Russland berichtet wurde. Das Thema interessierte mich, denn ich war zum einen an den politischen Strukturen des G8-Gipfels und zum anderen am Auftreten der Zivilgesellschaft interessiert. Als ich mit der deutschen Teilnehmerin Mona Bricke telefonierte, erfuhr ich, dass sie gerade ein ähnliches Treffen zwischen den G8-Sherpas[1] und internationalen NGOs[2] plante und vorbereitete. Zur weiteren Recherche gehörten ein Interview mit Organisatorin Mona Bricke sowie ein Interview mit einem Mitglied des Sherpa-Stabes im Wirtschaftsministerium. Außerdem bekam ich bereits nach ein paar Tagen autorisierte Zitate vom deutschen Sherpa Bernd Pfaffenbach. Nachzulesen ist das Ergebnis im Magazin „Zaungast“ der Konrad-Adenauer-Stiftung[3].

Doch auch nach Seminarende ließ mich das Thema nicht mehr los: Ich beantragte eine Akkreditierung für das Civil-G8-Dialogforum und berichtete für die Neue Osnabrücker Zeitung und den Kirchenboten über die Veranstaltung.

Als Studentin der Politikwissenschaft habe ich mich jedoch immer gefragt: Was ist eigentlich das Civil-G8-Dialogforum, in welche Kategorie kann ich es einordnen und was bedeutet ein solches Treffen überhaupt? Deshalb habe ich meine Bachelorarbeit zu diesem Thema geschrieben und diese am 3. Juli 2008 im Fachbereich Sozialwissenschaften der Universität Osnabrück vorgelegt. Ich möchte mich an dieser Stelle bei Daniela Gottschlich

---

[1] Die Sherpas sind die persönlichen Beauftragten der Staats- und Regierungschefs, die den G8-Gipfel vorbereiten.

[2] NGO ist die Abkürzung des englischen Begriffs Non Governmental Organizations und heißt auf Deutsch Nichtregierungsorganisationen.

[3] Das Magazin kann als PDF-Datei auf folgender Seite herunter geladen werden: http://www.journalisten-akademie.com/static/html/19000101.html .

(derzeit Universität Lüneburg) und Professor Dr. Ralf Kleinfeld (Universität Osnabrück) für die Betreuung der Arbeit bedanken. Des Weiteren gilt mein Dank allen Interviewpartnern sowie denen, die mir beim Korrekturlesen hilfreich zur Seite standen.

Osnabrück, März 2009

Susanne Schäfer

# 1. Einleitung

Am 26. April 2007 demonstrierte eine Gruppe von mehreren Frauen und Männern in Bonn vor der Beethovenhalle gegen den G8-Gipfel[4]. Die Demonstranten[5] waren bunt und auffällig mit Kostümen verkleidet und scharten zahlreiche Schaulustige sowie Fotografen um sich. Zur gleichen Zeit stiegen auf der Rückseite der Beethovenhalle am Ufer des Rheins neun Sherpas aus ihrem Bus, begrüßten Jürgen Maier, den Geschäftsführer eines NGO-Bündnisses und gingen gemeinsam mit ihm in den Sitzungssaal, wo sie am sprichwörtlich Runden Tisch Platz nahmen.[6]

Diese Szene verdeutlicht meines Erachtens sehr gut, dass es unterschiedliche Aktionsformen von NGOs gibt. Der Dialog als Aktionsform – untersucht am Beispiel des Civil-G8-Dialogforums – steht im Zentrum dieser Arbeit.

Bei meinem ersten Interview mit Mona Bricke beschrieb sie den „Civil-G8-Dialogue" 2006 in Russland als „ein totales Novum, weil es eine solche Begegnung vorher noch nie gegeben hat". Und auch mein Interviewpartner im Sherpa-Stab bezeichnete zunächst den Weg, also den Dialog als das Ziel der Veranstaltung in Bonn, denn einen solchen Dialog habe es in dieser Form bisher noch nicht gegeben. Das hat mich motiviert, zu untersuchen, ob der Dialog zwischen G8-Sherpas und Nichtregierungsorganisationen tatsächlich eine neue Aktionsform für NGOs und eine neue Einbindung der Zivilgesellschaft ist. Meine Fragestellung lautet deshalb:

---

[4] Mir ist bewusst, dass zwischen die Abkürzung G8 laut der deutschen Rechtschreibung im Duden ein Bindestrich gesetzt werden müsste. Ich habe mich jedoch dafür entschieden, die Schreibweise ohne Bindestrich zu verwenden, die auch von Nicholas Bayne, Sieglinde Gstöhl oder der deutschen Bundesregierung verwendet wird.

[5] Natürlich waren an dieser Demonstration auch Demonstrantinnen beteiligt. Im Sinne der geschlechtergerechten Sprache möchte ich an dieser Stelle darauf hinweisen, dass ich aus Gründen der besseren Lesbarkeit in dieser Ausarbeitung jeweils nur die männliche Form eines Begriffs verwende, dabei aber trotzdem alle Frauen beachte. An den Stellen, wo es relevante Unterschiede gibt, werde ich gezielt drauf eingehen.

[6] Vgl. dazu auch die Fotos im Anhang.

*Das Civil-G8-Dialogforum[7]: eine neue Form der Einbindung der Zivilgesellschaft und eine neue Aktionsform für Nichtregierungsorganisationen?*

Damit sind natürlich eine Reihe von Unterfragen verbunden: Wie hat sich die Rolle von Nichtregierungsorganisationen bei G8 Gipfeln verändert? Wie hat sich der Umgang der G8 Staaten mit NGOs verändert? Warum war die deutsche Regierung bereit, ein Dialogforum mit NGOs im Vorfeld des G8-Gipfels zu veranstalten? Warum waren die NGOs dazu bereit? Wie unterscheidet sich das Zivilgesellschaftsforum von anderen Aktionsformen? Und wie hoch ist die Bedeutung des Civil-G8-Dialogforums?

Im Titel meiner Bachelorarbeit frage ich danach, ob das Civil-G8-Dialogforum etwas Neues ist. Mit neu meine ich, dass es vorher so noch nicht da gewesen ist. Mit der Beschreibung neu will ich nicht bewerten, entsprechend heißt „neu" nicht gleichzeitig einflussreich oder effektiv. Es geht mir hier zunächst um die Erkenntnis, ob das Civil-G8-Dialogforum eine neue, vorher noch nicht da gewesene Aktions- und Einbindungsform bei G8-Gipfeln ist, von der wir erwarten können, dass sie in den kommenden Jahren auch weiterhin forciert und praktiziert wird.

Dazu betrachte ich vordergründig das Verfahren und weniger die inhaltlichen Themen des Dialogs. Diese Aktions- und Einbindungsform wird jedoch vermutlich nur dann weiterhin forciert, wenn sie von den Akteuren als erfolgreich und sinnvoll bewertet wird. Deshalb werde ich insbesondere in den Abschnitten 3.5, 4.1 und 4.2 darauf eingehen, wie das Civil-G8-Dialogforum von den Beteiligten und Außenstehenden bewertet wird. Im Schlusskapitel werde ich dann mit Bezug auf meine Hypothesen darlegen, wie ich das Dialogforum bewerte und warum ich der Meinung bin, dass dieses auch in den nächsten Jahren im Rahmen von G8-Gipfeln stattfinden wird.

Wichtige Begriffe meiner Fragestellung sind die Wörter „Aktionsform" und „Einbindungsform". Eine Aktionsform ist nach meinem Verständnis und

[7] Der offizielle und vollständige Name der Veranstaltung ist laut Einladung und Protokoll: „G8 Dialog Zivilgesellschaft – Civil G8 Dialogue". Auf den Namensschildern wurde das Treffen als „G8 – Forum Zivilgesellschaft" bezeichnet. In anderen Dokumenten, wie den Pressemitteilungen wird z.T. nur vom „Dialogforum" oder vom „Civil-G8" gesprochen. Das Treffen 2008 in Japan hieß „Civil G8 Dialogue". Ich werde in dieser Ausarbeitung einheitlich den Namen „Civil-G8-Dialogforum" verwenden.

nach Beachtung der Literatur (vgl. Take 2002: 45) eine Bezeichnung für die Form wie NGOs agieren und aktiv werden. Denn dies tun sie nicht immer auf die gleiche Art und Weise. Beispiele für Aktionsformen sind etwa Demonstrationen, Öffentlichkeitskampagnen, Unterschriftenaktionen oder Lobbytätigkeit. NGOs kombinieren mehrere Aktionsformen miteinander und verwenden sie in unterschiedlichen Zusammenhängen. Die Bezeichnung „Aktionsform" ist gleichzusetzen mit der Bezeichnung „Strategie", die Curbach verwendet.

Eine Einbindungsform spiegelt die Integration von NGOs in Verhandlungs- und Entscheidungsprozesse durch Regierungen oder andere Entscheidungsträger wieder. Dass heißt, NGOs wird die Möglichkeit gegeben, ihre Forderungen und Standpunkte darzulegen und zu platzieren. Der Begriff „Einbindung" kann demnach äquivalent mit Einbeziehung, Beteiligung, Teilhabe- oder Partizipationsmöglichkeiten verwendet werden (vgl. Mohr 2005: 298ff.; Frantz/Martens 2006: 82ff.). Von Einbindung kann man zum Beispiel dann sprechen, wenn NGOs „Partizipationsmöglichkeiten im Rahmen des Policy-Dialogs" (Mohr 2005: 314) zugestanden werden oder wenn NGOs Zugangsrechte zu Verhandlungen haben und dort beobachten, sprechen oder sogar abstimmen können (vgl. Frantz/Martens 2006: 32ff.). Die Einbindung von NGOs kann formell und institutionalisiert oder aber informell und nicht institutionalisiert stattfinden (vgl. Mohr 2005: 320; Frantz/Martens 2006: 91). Zusammenfassend lässt sich von Einbindung sprechen, wenn es zu einem Augen-, Gesprächs- oder Schriftkontakt zwischen NGOs und Entscheidungsträgern kommt (und dieser von beiden Seiten aktiv geführt wird). Die Regierungsvertreter hören dann nicht nur zu, sondern teilen selbst auch Informationen und Hintergrundwissen mit und stellen den NGO-Vertretern Fragen und bitten teilweise um Lösungsvorschläge.[8]

Wer oder was ist nun die Zivilgesellschaft, die möglicherweise durch das Dialogforum in den G8-Prozess eingebunden wird? Die Zivilgesellschaft ist ein Ort, wo sich Bürgerinnen und Bürger als Individuen zu „handlungsfähigen kollektiven Akteuren" zusammenschließen. Ein solcher handlungsfähiger Akteur kann zum Beispiel eine Bürgerinitiative, ein Verein oder eine NGO sein. Die Zivilgesellschaft ist außerstaatlich, aber die Bürger können

[8] Zu diesem Abschnitt siehe auch die Abbildung Nr. 6 im Anhang

sich in ihrem Handeln zustimmend oder protestierend auf den Raum des Politischen beziehen. Das Handeln findet nicht im privaten sondern im öffentlichen Raum statt (vgl. Adloff 2005: 153-155). Damit habe ich definiert, was ich meine, wenn ich in dieser Arbeit von Zivilgesellschaft spreche.

Mit dieser Ausarbeitung verfolge ich zum einen das Anliegen, das Civil-G8-Dialogforum wissenschaftlich zu erfassen, und zum anderen möchte ich verdeutlichen, dass sich die Beziehungen zwischen der G8 und den NGOs verändert haben. Diese Untersuchung ist deshalb relevant, weil ich zeigen werde, dass sich die G7/G8-Gipfel in den letzten drei Jahren (seit 2006) verändert haben und dass in Zukunft ein G8-Gipfel ohne einen Dialog mit der Zivilgesellschaft im Vorfeld des Gipfels nicht mehr vorstellbar ist.

Diese Forschungsarbeit basiert auf Methoden der qualitativen Datenerhebung und -analyse: ein Methodenmix aus Inhalts- und Dokumentenanalyse. Als Quellen stehen mir die Teilnehmerliste, das Programm, die Protokolle, die Reden, Pressemitteilungen, Fotos, Zeitungsartikel und Literatur zur Verfügung. Um Informationen und Meinungen von Experten und Betroffenen zu erhalten, habe ich problemzentrierte Experteninterviews (vgl. Diekmann 2005: 450) geführt: Zwei der Interviews habe ich vor dem Civil-G8-Dialogforum im Februar 2007 geführt. Im Abstand von einem Jahr habe ich Mona Bricke ein zweites Mal interviewt sowie zwei Gespräche mit Jürgen Maier (Geschäftsführer Forum Umwelt und Entwicklung) und jeweils ein Interview mit Jens Martens (Global Policy Forum Europe) und Tobias Münchmeyer (Greenpeace) geführt. Die Gesprächspartner habe ich ausgewählt, weil sie zum einen entscheidende Funktionen bei der Organisation des Civil-G8-Dialogforums innehatten und zum anderen, weil sie eine eher kritische Sichtweise auf das Civil-G8-Dialogforum vertreten, wie beispielsweise Jens Martens.

Da ich selbst an dem Treffen als Journalistin teilgenommen habe, kann ich meine Analyse auch auf meine eigenen Beobachtungen stützen.

Im Anschluss an die Einleitung werde ich im zweiten Kapitel zunächst die historischen, empirischen und theoretischen Grundlagen des Themenkomplexes erarbeiten. Dazu gehört zum Beispiel auch, dass ich erläutere, was G8-Gipfel und was NGOs sind und aus der Literatur Kategorien von NGO-

Aktionsformen herausarbeite. Aus den erarbeiteten Grundlagen werde ich am Ende des zweiten Kapitels meine Hypothesen aufstellen, anhand derer ich meine Fragestellung beantworten will. In Kapitel drei befasse ich mich dann empirisch mit dem Civil-G8-Dialogforum im Hinblick auf Teilnehmer, Programm und Organisation. Ziel des vierten Kapitels ist es, das Civil-G8-Dialogforum in die in Kapitel zwei erarbeiteten Kategorien einzuordnen, die Motivation beider Dialogpartner zu beleuchten und das Dialogforum mit anderen Aktions- und Einbindungsformen während des G8-Gipfels in Heiligendamm zu vergleichen.

# 2. Grundlagen und theoretisches Fundament

NGOs bei der UNO, NGOs bei der EU, NGOs bei der Weltbank oder WTO (vgl. Frantz/Martens 2006: 89ff; Mohr 2005: 312ff.). Diese Aufzählung könnte man sicherlich so fortführen, denn NGOs nehmen bei internationalen Organisationen schon lange eine wichtige Rolle ein. Bei der UNO haben über 2500 NGOs einen Konsultativstatus, das heißt, sie sind akkreditiert, haben Zugang zu UNO-Konferenzen und dürfen dort unter anderem Stellungnahmen abgeben (vgl. Frantz/Martens 2006: 36 und 99).

Doch welchen Status haben NGOs bei den G7/G8-Gipfeln? Dazu ist es wichtig, zunächst einmal beide Seiten genau zu betrachten. Deshalb will ich im Folgenden zuerst den G8-Gipfel vorstellen. Dabei gehe ich weniger auf die Themen als auf die Geschichte, die Strukturen und Prozeduren von G7- bzw. G8-Gipfeln ein. Im darauf folgenden Unterkapitel werde ich NGOs definieren und auf den theoretischen Hintergrund zu dieser Akteursgruppe eingehen, um dann die bisherige Beziehung zwischen NGOs und G7/G8 zu behandeln.

Um einen Überblick über den Stand der Forschung zu geben, muss ich zwei Forschungsstränge berücksichtigen. Zum einen behandelt meine BA-Arbeit das Objekt „G7/8-Gipfel". Dazu gibt es im Englischen Publikationen von Nicholas Bayne, der bereits 1985 gemeinsam mit Robert D. Putnam und zuletzt 2007 über die Weltwirtschaftsgipfel geschrieben hat. In der aktuellen deutschsprachigen Literatur gibt es das Buch „Global Governance und die G8", das 2003 von Sieglinde Gstöhl herausgegeben wurde. Zu Erläuterung des Global Governance Konzepts ziehe ich Literatur von Ulrich Brand, Achim Brunnengräber, Lutz Schrader, Christian Stock und Peter Wahl (2000) sowie Janina Curbach (2003) hinzu.

Auf das Global Governance Konzept gehe ich in Kapitel 2.4 ein, weil NGOs einen großen Stellenwert in diesem Konzept besitzen, die G8-Gipfel zum Beispiel von Gstöhl als Global Governance-Mechanismus bezeichnet wurden und weil ich der Meinung bin, mit Global Governance als politisch-strategischen Reformansatz das Handeln der G8-Staaten im Bezug auf NGOs analysieren und interpretieren zu können.

Zweiter Aspekt meiner Fragestellung sind NGOs und deren Aktionsformen. Dazu stütze ich mich vor allem auf die Forschung von Ingo Take (2002) und Janina Curbach (2003) sowie auf das Einführungsbuch zu NGOs von Christiane Frantz und Kerstin Martens (2006). Auch Marianne Beisheim, Achim Brunnengräber, Tanja Brühl, Ansgar Klein, Heike Walk und Sabine Mohr (2005) haben wichtige Publikationen zu diesem Forschungsfeld vorgelegt.

## 2.1. G8-Gipfel

Die G8-Gipfel sind jährliche zweitätige Treffen der Staats- und Regierungschefs von Deutschland, Frankreich, Großbritannien, Italien, Japan, Kanada, Russland und den Vereinigten Staaten von Amerika. Abwechselnd übernimmt immer ein Land die Präsidentschaft und fungiert in dieser Rolle als Gastgeber. In informeller Atmosphäre sprechen die höchsten Repräsentanten der Staaten über Fragen zur Weltwirtschaft oder auch über außen-, sicherheits-, umwelt- und entwicklungspolitische Themen.

Die G8-Gipfel werden auch Weltwirtschaftsgipfel genannt. Dieser Name ist jedoch irreführend, da auf den Treffen schon lange nicht mehr nur Wirtschaftsthemen behandelt werden. Seit den 1980er Jahren nehmen politische Themen etwa die Hälfte der Zeit ein (vgl. Siedersleben/Pabel 2003: 37).

Die G8, also die Gruppe der Acht gilt als Interessengemeinschaft wichtiger Industrienationen. Die acht Staaten machten 2005 13,5% der Weltbevölkerung aus, produzierten aber 62,6% des weltweiten Bruttoinlandprodukts (vgl. Fischer Weltalmanach 2007: 607). Siedersleben und Pabel bezeichnen die G8-Treffen als „Instrument der wirtschaftlichen Politikkoordination und [als] ein dynamisches Entscheidungsfindungsorgan“ (Siedersleben/Pabel 2003: 38).

Während Gstöhl der G8 die Rolle einer „Impulsgeberin für Weltwirtschaft und Weltpolitik“ zuschreibt (Gstöhl 2003: 331), fragt Wahl, ob G8-Gipfel eine „PR-Show oder Weltregierung“ (Wahl 2006) sind. Zwischen der Zuschreibung von höchster Wichtigkeit und kritischer Infragestellung scheint vor allem in der Bevölkerung eine große Unsicherheit darüber vorzuherrschen, wer oder was die G8-Gipfel eigentlich sind. Zunächst muss festgehalten werden, dass sie keine internationale Organisation, wie zum Beispiel die Vereinten Nationen oder die Welthandelsorganisation sind. Die Gruppe der acht Nationen hat keinen Völkerrechtsstatus, keine eigene Verwaltung, keine Organe, keinen Sitz und auch keinen eigenen Etat (vgl. Fischer Weltalmanach 2007: 607; Gstöhl 2003: 8 und 20).

Nach dem Konsensprinzip verhandeln die acht Staats- und Regierungschefs über eine Agenda, die vorher von der Präsidentschaft vorbereitet wurde. Am Ende eines Gipfeltreffens steht ein Abschlussdokument, in dem sich die acht Staaten zu gemeinsamen Absichten und Vorhaben bekennen. Die G8 sind bei der Umsetzung ihrer Beschlüsse entweder auf die nationale Umsetzung oder aber auf ihren Einfluss in internationalen Organisationen angewiesen (vgl. Gstöhl 2003: 329).

Die Gruppe der Acht ist also keine internationale Organisation. Stattdessen können wir mit Zürn sagen, dass sie „ein internationales Netzwerk [ist], bei dem zwar regelmäßige Treffen sowie Verfahrensregeln bestehen und ein regularisierter Informations- und Meinungsaustausch vorgesehen ist, das aber nur in Ausnahmefällen zu substantiellen Verhaltensvorschriften gelangt" (Zürn bei Gstöhl 2003: 339). Sieglinde Gstöhl drückt es ganz ähnlich aus, sie bezeichnet die G8 als informellen Zusammenschluss von Staaten „zur Artikulation und Koordination gemeinsamer Interessen" (Gstöhl 2003: 20).[9]

Nachdem wir uns Klarheit über den Status der G8 verschafft haben, will ich im Folgenden auf die Entstehung und Entwicklung dieses Netzwerkes eingehen.

Erst seit zehn Jahren wird von einem G8-Gipfel gesprochen, denn vor der Aufnahme Russlands 1998 trafen sich zunächst nur die „sieben größten Industrienationen" zum Meinungsaustausch. Vor dem Hintergrund der Wirtschaftsprobleme (Zusammenbruch des Bretton Woods System) und der Ölkrise in den siebziger Jahren lud der damalige französische Präsident

---

[9] Auch Bundeskanzlerin Angela Merkel machte in einem ARD-Fernsehinterview am 03.06.07 deutlich, dass die G8 kein Beschlussgremium ist: „G8 kann nur politische Entscheidungen frei machen" http://www.tagesschau.de/multimedia/video/video28694.html .

Valerie Giscard d'Estaing im November 1975 zum ersten Gipfeltreffen ins Schloss Rambouillet ein. Zu den damals ersten sechs Teilnehmern gehörten Frankreich, Großbritannien, die Bundesrepublik Deutschland, Italien, Japan und die Vereinigten Staaten. Ein Jahr später kam auch Kanada hinzu.

Das Ziel der Treffen sollte sein, dass die Staats- und Regierungschefs in angenehmer Umgebung und in zeitweiliger Abgeschiedenheit von der Außenwelt konferieren konnten. „Sie sollten nicht auf spektakuläre Ergebnisse aus sein, sondern im Geiste offenen Gedankenaustauschs und der Bereitschaft, die gemeinsame Verbundenheit zu stärken, tagen." (Putnam/Bayne 1985: 32)

Nach Bayne kann die Entwicklung der G7/G8-Gipfel in sechs Phasen unterteilt werden: In der ersten Phase von 1975 bis zum ersten deutschen Gipfel in Bonn 1978 haben sich die G7 zu einer Institution entwickelt. Die zweite Phase hielt bis 1982 an, auf diesen vier Gipfeln wurde zum ersten Mal auch über politische Themen gesprochen. In der dritten Phase von 1983 bis 1988 nahmen politische Themen etwa die Hälfte der Zeit ein, außerdem wurde erstmals auch über Umweltfragen diskutiert. Während der vierten Phase (1989 – 1993) haben die G7 zum ersten Mal Russland als Gast (Michail Gorbatschow und später Boris Jelzin) eingeladen. Die fünfte Phase dauert für Bayne bis 1997. In dieser Zeit fand eine verstärkte Annäherung an Russland statt, das Thema Schuldenerlass wurde zum ersten Mal diskutiert und die G7 kooperierten verstärkt mit internationalen Organisationen.

Der Gipfel 1998 in Birmingham läutete die sechste Phase (bis 2002) ein. In Birmingham wurden die Gipfeltreffen reformiert, denn von nun an sollten sich nur noch die Staats- und Regierungschefs ohne eine Gruppe weiterer Minister treffen. Die Agenda wurde verkleinert und eingeschränkt. Ziel der Reformen war es, wieder die informelle Atmosphäre eines Kamingespräches wie in Rambouillet herzustellen.

> „Birmingham came closer than any previous summit to the informal, personal encounter envisaged by the founders. The leaders had thus gained a new freedom to set their agenda and organise their time. The price was an ever-growing G7/G8 bureaucracy at lower levels." (Bayne 2005: 43)

Zudem gilt der Birmingham-Gipfel als erster G8-Gipfel, da Russland hier zum ersten Mal als Mitglied dabei war. Die Reform von Birmingham beinhaltet auch den Beginn des Outreach-Prozesses, also die Annäherung an andere Staaten und die Zivilgesellschaft. Darauf werde ich unter 2.3 genauer eingehen.

Auch die folgenden Gipfel werde ich unter Punkt 2.3 detaillierter besprechen. Hier sei nur so viel gesagt: Auch von 1998 bis 2007 trafen sich die acht Staats- und Regierungschefs regelmäßig zu ihrem jährlichen Meinungsaustausch. 2006 richtete Russland zum ersten Mal einen G8-Gipfel aus und 2007 fand der Gipfel in Heiligendamm in Deutschland statt, der sicherlich noch den meisten in Erinnerung ist. 2008 trafen sich die Acht in Japan.

Es wäre falsch, bei der Betrachtung des G8-Gipfels nur auf das Treffen zwischen den Staats- und Regierungschefs zu achten. Denn zu den zweitägigen G8-Gipfeln gehört auch ein Jahr der Vorbereitung. Auch wenn ich oben geschrieben habe, dass die G8 kein eigenes Personal und keine Organe besitzen, so finden die Gipfeltreffen nicht im luftleeren Raum und nicht ohne jegliche Vorbereitung statt. Gstöhl schreibt sogar, dass G8 ein dichter Prozess der Politikkoordination sei, der 365 Tage im Jahr und 24 Stunden am Tag stattfinde (vgl. Gstöhl 2003: 15). Diese Vorbereitung wird von den sogenannten Sherpas durchgeführt. Dies sind die persönlichen Beauftragten der Staats- und Regierungschefs, die das Gipfeltreffen – bildlich gesprochen – wie ein Bergführer[10] vor- und nachbereiten. Seit Dezember 2004 übt Staatssekretär Dr. Bernd Pfaffenbach dieses Amt zunächst für Gerhard Schröder und dann für Angela Merkel aus. Mehrmals jährlich treffen sich die Sherpas zu Arbeitstreffen in dem Land der Präsidentschaft und außerdem besteht ein regelmäßiger Kontakt zwischen den Sherpa-Stäben. Die Aufgabe der Sherpas ist laut Donelly „to articulate his or her political wishes [des Staatschefs, Anm. d. A.], and to translate them into deliverables suitable for the G8 summits“ (Donelly 2007: 94). Man kann sie auch als die „zentralen Koordinatoren des gesamten Prozesses“ (Gstöhl 2003: 16) beschreiben.

---

[10] Begriff kommt aus Nepal, die Bergführer im Himalaja heißen auch Sherpas.

Ein Sherpa bereitet den Gipfel jedoch nicht völlig alleine vor. Wie oben bereits angedeutet gehört zum Sherpa ein Mitarbeiter-Stab. Zudem treffen sich die Finanz-Sous-Sherpas und Außenamts-Sous-Sherpas mit ihresgleichen auf G7- oder G8-Ebene. Hinter dem eigentlich informellen Gipfel steckt ein großer bürokratischer Verwaltungs- und Planungsapparat. Dieser Vorbereitungsprozess kann ein Ansatzpunkt für Lobbying und Interessensvermittlung sein.

Die Gipfeltreffen finden traditionell eher abgelegen, zum Beispiel auf Burgen (Gleneagles) oder Schlössern (Rambouillet) statt, damit sich die Staats- und Regierungschefs nicht nur am Verhandlungstisch, sondern auch beim Essen oder sportlichen Aktivitäten kennen lernen und austauschen können. Für den G8-Gipfel 2007 in Deutschland wurde das Kempinski-Hotel in Heiligendamm an der Ostseeküste ausgewählt.[11] Vom sechsten bis achten Juni traf sich Bundeskanzlerin Angela Merkel mit Tony Blair (Großbritannien), Wladimir Putin (Russland), Nicolas Sarkozy (Frankreich), George W. Bush (USA), Stephen Harper (Kanada), Romano Prodi (Italien), Shinzo Abe (Japan) und José Manuel Barroso (EU). Unter dem Titel „Wachstum und Verantwortung“ thematisierten sie den Klimawandel, Energieeffizienz, Weltwirtschaft und die G8-Afrikapolitik. Neben gemeinsamen Arbeitssitzungen gab es auch die Gelegenheit für bilaterale Gespräche. Das Treffen hat in den Medien sehr große Beachtung gefunden und wurde von zahlreichen Protesten und Veranstaltungen gesellschaftlicher Gruppen begleitet[12]. Ein Akteur der Zivilgesellschaft sind die Nichtregierungsorganisationen. Ziel des folgenden Unterkapitels ist es, diesen Akteur zu definieren, so dass im weiteren Verlauf mit dem Begriff *NGO* gearbeitet werden kann.

---

[11] Vgl. dazu z.B. die Artikel: Meinert 2007: Das Ende vom Perlen-Panorama? in Zaungast Das Magazin zum G8-Gipfel, S. 61; Schulz, Daniel 2007: G8 wird zum Villa-Killer in taz Nr. 8173, S. 7.

[12] Vgl. dazu die Berichterstattung vom ZDF http://www.heute.de/ZDFheute/inhalt/15/0,3672,5540207,00.html , vom Norddeutschen Rundfunk http://www1.ndr.de/nachrichten/g8/index.html , oder von Phoenix http://www.phoenix.de/der_g8_gipfel_aus_kuehlungsborn_heiligendamm/134290.htm.

## 2.2. Nichtregierungsorganisationen

Beim Civil-G8-Dialogforum stehen sich zwei Akteursgruppen gegenüber und haben sich zum Dialog getroffen: die Zivilgesellschaft und die Vertreter der G8-Regierungen. Bei der Zivilgesellschaft kann jedoch nicht von einem einheitlichen Akteur gesprochen werden. Denn zur Zivilgesellschaft zählen sowohl Vertreter der Wirtschaft (Unternehmen) als auch Vertreter von NGOs.

NGOs, das ist zunächst die Abkürzung des englischsprachigen Begriffs *Non Governmental Organizations* und heißt auf Deutsch Nichtregierungsorganisationen[13]. Für NGOs gibt es keine einheitliche Definition (vgl. Curbach 2003: 26).

Christiane Frantz und Kerstin Martens haben mit ihrem Lehrbuch zu Nichtregierungsorganisationen einen umfassenden Überblick über NGOs und eine Definition geliefert, der ich mich für diese Ausarbeitung anschließe. Demnach sind NGOs durch zivilgesellschaftliche Initiative gegründete professionelle, private Organisationen, die primär immaterielle Ziele verfolgen; die Anliegen für andere Menschen oder das Gemeinwohl vertreten; die sich bei ihren Aktionen gesetzmäßig verhalten; die finanziell und moralisch unabhängig von Regierungen sind; deren Mitglieder einzelne Personen oder Gruppierungen von Individuen sind und die staatliche Politik beeinflussen wollen, selbst aber keine staatliche Macht erlangen wollen.

> „NGOs sind formale (professionalisierte), unabhängige gesellschaftliche Akteure, deren Ziel es ist, progressiven Wandel und soziale Anliegen auf der nationalen oder internationalen Ebene zu fördern." (Frantz/Martens 2006: 49-50)

Mit dieser Definition werden wirtschaftliche Unternehmen aus der Akteursgruppe der NGOs ausgeschlossen, da sie materielle Ziele verfolgen und auf wirtschaftlichen Gewinn aus sind. Das Kriterium der finanziellen Unabhängigkeit von Regierungen ist nicht ganz eindeutig. Später werden wir zum Beispiel sehen, dass das Forum Umwelt und Entwicklung zum Teil von zwei Bundesministerien finanziell gefördert wird, es hat jedoch auch noch andere finanzielle Quellen.

[13] Deswegen wird vielfach auch die Abkürzung NRO verwendet.

Mit dem Forum Umwelt und Entwicklung habe ich ein Beispiel für ein Bündnis von NGOs genannt. Diesem Bündnis gehören 74 umwelt- und entwicklungspolitische NGOs an. Als weitere Beispiele für NGOs lassen sich Greenpeace, Amnesty International, Germanwatch, Oxfam, World Wild Fund for Nature (WWF), das Rote Kreuz (IKRK) oder Terres des Hommes nennen. Mittlerweile gibt es über 7000 NGOs (vgl. Frantz/Martens 2006: 85). An den von mir angesprochenen NGOs erkennt man, dass es Organisationen sind, die international und nicht nur in Deutschland tätig sind. Für internationale NGOs wird in der Literatur zum Teil die Abkürzung INGOs verwendet (vgl. Curbach 2003: 28).[14]

Die NGO-Gemeinschaft ist sehr heterogen (Brunnengräber/Klein/Walk 2005: 15), denn auch längst nicht alle Organisationen, die sich unter dem positiven Begriff NGOs versammeln, sind gleich, da es Unterschiede in der Organisationsstruktur und in der Werteinstellung gibt.

Der Begriff NGO wurde zum ersten Mal in der Charta der Vereinten Nationen von 1945 verwendet. Der Artikel 71 thematisiert die Zusammenarbeit zwischen dem Wirtschafts- und Sozialrat (ECOSOC) und NGOs. Darin heißt es: „Der Wirtschafts- und Sozialrat kann geeignete Abmachungen zwecks Konsultation mit nichtstaatlichen Organisationen treffen, die sich mit Angelegenheiten seiner Zuständigkeit befassen." (Gareis/Varwick 2003: 362) Auf diesem Artikel und der UNO Resolution 1996/31 baut dieZusammenarbeit der Vereinten Nationen mit NGOs auf. Eine NGO, die mit den Prinzipien der UNO-Charta konform geht, zu inhaltlich passenden Themen arbeitet und organisatorische Kriterien (Hauptsitz, demokratische Satzung usw.) erfüllt, kann einen (von drei verschiedenen) Konsultativstatus bekommen. Mit einem solchen Status werden NGOs zum Beispiel zu UNO-Konferenzen ein-

[14] Neben der begrifflich verfeinerten Untergruppe INGOs gibt es auch noch GINGOs (Genuine NGOs), QUANGOs (Quasi NGOs), GONGOs (Governmentally Organized NGOs) und BINGOs (Business international NGOs) womit auch Unternehmen wieder ins Boot der NGOs geholt wären (vgl. Curbach 2003: 41). Auf diese Unterscheidungen kommt es in dieser Arbeit jedoch meiner Meinung nach nicht an. Ich spreche von NGOs und schließe damit Unternehmen sowie von Regierungen gegründete NGOs aus. Dass es Unterschiede in der Finanzierung von NGOs gibt, setze ich als gegebenen Unterschied voraus, der jedoch die Antwort auf meine Fragestellung nicht beeinflusst.

geladen und dürfen an Sitzungen des ECOSOC teilnehmen, Reden halten und schriftliche Stellungnahmen verteilen (vgl. Frantz/Martens 2006: 32-37).

Nachdem ich NGOs als Akteure allgemein definiert habe, werde ich jetzt detaillierter auf die Forschung zu NGOs, den Unterschieden innerhalb der Gruppe von NGOs und ihre Aktionsformen eingehen. So nimmt Take eine Binnendifferenzierung vor und schreibt, dass sich NGOs „vor ihrem kulturellen Hintergrund, in ihren Zielen, ihrer Programmatik, ihren Strategien, ihren Aktionsformen, ihrer Organisationsstruktur, ihren Handlungsebenen, ihren finanziellen Ressourcen, ihrer Dauer, ihrem rechtlichen Status sowie hinsichtlich ihrer Allianzpartner" (Take 2002: 42) unterscheiden. Internationale NGOs sind zum Beispiel föderativ im bottom-up Prinzip oder zentralistisch im top-down Prinzip aufgebaut (vgl. Frantz/Martens 2006: 45ff.)

Ingo Take differenziert zwischen Süd- und Nord-NGOs, zwischen strukturkonservativen und strukturreformerischen NGOs, zwischen wertorientierten und erfolgsorientierten NGOs, zwischen NGOs mit einer globalen oder lokalen Handlungsebene und schließlich unterscheidet er zwischen NGOs, die Konfrontations- oder aber Kooperationsstrategien verfolgen und die konventionelle oder unkonventionelle Aktionsformen ausüben (vgl. Take 2002: 45). Unter konventionellen (also den Konventionen angepassten) Aktionsformen versteht Take Projektarbeit, Öffentlichkeitsarbeit, Weiterbildung, Forschung, Informationsbeschaffung, Informationsinput in politische Verhandlungsprozesse, Beratung politischer Entscheidungsträger, Vermittlung zwischen verschiedenen Akteuren und klassische Lobbytätigkeit. Im Gegensatz dazu zählt er Petitionen, Demonstrationen, Sitzblockaden, Besetzungen oder ähnliches zu den unkonventionellen Aktionsformen (vgl. ebd.).

Abbildung 1: Aktionsformen von NGOs

| **Konventionelle Aktionsformen** | **Unkonventionelle Aktionsformen** |
|---|---|
| Projektarbeit, Öffentlichkeitsarbeit, Weiterbildung, Forschung, Informationsbeschaffung, Informationsinput in politische Verhandlungsprozesse, Beratung politischer Entscheidungsträger, Vermittlung zwischen verschiedenen Akteuren, Lobbytätigkeit | Petitionen, Demonstrationen, Sitzblockaden, Besetzungen |

Quelle: Eigene Darstellung in Anlehnung an Take

Wie ich später zeigen werde, muss das Civil-G8-Dialogforum demnach als konventionelle Aktionsform eingeordnet werden.

Des Weiteren haben NGOs nach Take zwei Strategieoptionen. Sie können entweder kooperativ oder konfrontativ agieren.

> „Während Konfrontationsstrategien in erster Linie dazu dienen sollen, Maximalforderungen wieder stärker als Alternative zu profilieren, setzen die Kooperationsstrategien verstärkt auf die Problembearbeitung durch Lobbyarbeit, Unterstützung der Konsensfindung zwischen den staatlichen Delegationen und Informationsinput." (Take 2002: 44)

Eine konfrontative Aktionsform zielt also darauf ab, die eigene Position hervorzuheben und Kritik an der entgegengesetzten Position deutlich zu machen. Dagegen sind Dialog- und Kompromissbereitschaft ein Kennzeichen einer kooperativen Aktionsform. Bei dieser Form ist man an einer Annäherung interessiert, möchte den Gegenüber überzeugen und verhandelt. Konventionelle Aktionsformen wären also demnach eher kooperativ und unkonventionelle Aktionsformen eher konfrontativ.

Ingo Take hat in seiner Forschungsarbeit zur Veränderung der umweltpolitischen NGOs bereits belegt, dass die Institutionalisierung der grenzüberschreitenden Beziehungen zu einer verstärkt internationalen Ausrichtung der NGOs geführt hat. Diese sei durch eine auf Einflussnahme zielende kooperative Beteiligung an internationalen Verhandlungsprozessen gekennzeichnet und werde durch die Bildung transnationaler NGO-Netzwerke gestützt (vgl. Take 2002: 350).

Eine Abfolge von Konfrontations- und Kooperationsepisoden beschreibt Take in Anlehnung an Kriesi und Giugni als „Interaktionskette" (ebd.: 24). Wenn NGOs im Rahmen eines Gipfels also sowohl in Form von Öffentlichkeitsarbeit und Lobbying als auch in Form von Petitionen und Demonstrationen aktiv werden, handelt es sich um einen Wechsel von Kooperations- und Konfrontationsepisoden und somit um eine Interaktionskette.

Das was Take „Aktionsformen"[15] nennt, bezeichnet Curbach als „Strategien"[16]. Über die Hauptstrategie politischer NGOs schreibt sie:

> „Die Hauptstrategie politischer NGOs liegt also darin, andere Akteure mit Hilfe ihrer Informationspolitik zu überzeugen, damit diese die Interessen der NGOs in konkrete Entscheidungen oder Verhaltensänderungen umsetzen." (Curbach 2003: 71)

Laut Take gibt es drei Ebenen, auf denen NGOs nach Einfluss streben: die internationale, die nationalstaatliche und die gesellschaftliche Ebene. Am vielversprechendsten seien jedoch die Versuche der Einflussnahme, die auf alle drei Ebenen gleichzeitig zielen (vgl. Take 2002: 19). Später soll darauf geachtet werden, ob dies den NGOs mit dem Civil-G8-Dialogforum oder mit einer anderen Aktionsform während des G8-Gipfels gelungen ist.

Um in den oben beschrieben Formen agieren zu könne, müssen NGOs auf verschiedene Ressourcen zurückgreifen. Dazu zählen materielle und immaterielle Ressourcen. Nach Take verfügen NGOs über maximal sieben Ressourcen: ihr Experten- und Erfahrungswissen, durch das sie sich Akzeptanz in der Öffentlichkeit und bei politischen Entscheidungsträgern erwerben. Diese Ressource Wissen wird von Curbach in (1) lokales Erfahrungs- und Kontextwissen, (2) Expertenwissen und (3) innovatives und alternatives Wissen unterteilt (Curbach 2003: 72). Take nennt als zweites die moralische Ressource in Form von Definitionsmacht. Außerdem zählen zu den Ressourcen ehrenamtliche und hauptamtliche Mitarbeiter sowie Unterstützer

---

[15] Laut Duden bedeutet der Begriff Aktionsform: „ein gemeinsames gezieltes Vorgehen und oder eine planvolle Maßnahme"

[16] Laut Duden bedeutet der Begriff Strategie: „eine genau geplante Verfahrensweise".

(z.B. durch Unterschriften) als personelle Ressource und finanzielle Mittel in Form von Spenden, Mitgliedsbeiträgen oder Drittmitteln. Den Zugang zu politischen Verhandlungsforen und Entscheidungsträgern nennt er als fünfte Ressource von NGOs. Als sechste Ressource bezeichnet Take die Fähigkeit, die Kosten-Nutzen-Rechnung von Staaten positiv beeinflussen zu können. „Indem NGOs zwischen den Staaten vermitteln, deren Gemeinsamkeiten herausstellen und alternative Lösungswege aufzeigen, tragen sie zur Entschärfung des Verteilungsproblems bei.“ (Take 2002: 67) Und weiter heißt es: „die Kosten der Sanktionierung werden also – vermittelt durch die NGOs – auf der gesellschaftlichen Ebene getragen.“ (ebd.: 68)

Als letzte Ressource von NGOs nennt Take die Allianzpartner, wie zum Beispiel staatliche Institutionen, wissenschaftliche Organisationen, marktwirtschaftliche Akteure oder Medien, durch die sich eine NGO wieder eine der oben genannten Ressourcen erschließen kann (vgl. Take 2002: 62-68). Brühl nennt noch eine weitere Ressource: Sie bezeichnet auch „Demokratie/Legitimität/Effektivität“ als Ressource von NGOs bzw. der Akteursgruppe NGO im Allgemeinen (vgl. Brühl 2001: 148).

Tanja Brühl hat ein Erklärungsmodell in Anlehnung an die Ressourcentauschtheorie entworfen, mit dem sie aufzeigt, dass NGOs an Verhandlungen teilnehmen dürfen, wenn die durch sie zur Verfügung gestellten Ressourcen in der jeweiligen Verhandlungssituation benötigt werden. Wenn die Kosten für die Einbindung der NGOs dagegen zu hoch seien, legt Brühl dar, würden die Teilnahmerechte der NGOs eingeschränkt. Insbesondere die Nachfrage nach der Ressource Demokratie/Legitimität/Effektivität sei im Zeitalter der Globalisierung hoch, so dass in allen Verhandlungsphasen Bedarf danach bestehe. Brühl unterscheidet außerdem zwischen einem einfachen, erweiterten und umfassenden Teilnahmerecht. Das umfassende Teilnahmerecht, das ein Stimm-, Rede und Teilnahmerecht beinhalte, gelte noch in keiner internationalen Institution für NGOs (Brühl 2001: 137 ff.). Zum Schluss weist Brühl auf folgende Tatsache hin, die in der Global Governance Diskussion häufig nicht beachtet werde: „Je näher der Zeitpunkt einer Entscheidung kommt und je konfrontativer die Situation ist, desto weniger werden NGOs zu internationalen Verhandlungen zugelassen.“ (Brühl 2001: 152) Aus diesen Forschungsergebnissen lässt sich folgern, dass das

Civil-G8-Dialogforum deshalb stattgefunden hat, weil die G8-Staaten die Ressource Demokratie/Legitimität/Effektivität benötigt haben, die die NGOs bereitstellen konnten.

Da in der Diskussion über NGOs häufig die Frage nach deren Legitimation und Fähigkeit zur Demokratisierung der internationalen Politik besprochen wird, folgt dazu an dieser Stelle ein kurzer Einschub:

Laut Marianne Beisheim stellt sich die Frage nach der gesamtgesellschaftlichen Legitimation von NGOs erst dann, „wenn Gruppen in die engere politische Entscheidungsfindung eingebunden werden" (Beisheim 2005: 245). Dies war beim G8-Gipfel und auch beim Civil-G8-Dialogforum nicht der Fall. Wenn eine NGO ihre Position im demokratisch politischen Prozess gegenüber anderen Interessensgruppen durchsetzt, d.h. die politischen Entscheidungsträger mit ihren Argumenten durch Aktionsformen wie Demonstrationen, Öffentlichkeitsarbeit oder Lobbying überzeugt, dann kann dies in einem pluralistischen System demokratietheoretisch nicht verwerflich sein (vgl. Frantz/Martens 2006: 131). Denn in einem pluralistischen politischen System erfülle laut Beisheim auch eine eigennützig motivierte Interessensvermittlung eine demokratische Aufgabe:

> „Das Neben- und Gegeneinander divergierender Interessengruppen soll im Idealfall die höchstmögliche Berücksichtigung der Interessen aller Gruppen und Individuen ermöglichen und gleichzeitig verhindern, dass Einzelne auf Kosten Anderer ihre Interessen durchsetzen." (Beisheim 2005: 253)

Auch wenn Vertreter von NGOs nicht durch demokratische Wahlen legitimiert sind, wie es z.B. die Bundestagsabgeordneten sind, können sie dennoch dazu beitragen, die (internationale) Politik zu legitimieren und demokratisieren. NGOs leisteten dies, indem sie sich für ein Allgemeinwohlinteresse (Schutz der Umwelt) einsetzten, indem sie als Multiplikatoren die Ansichten der betroffenen Menschen vor Ort oder Expertenwissen kommunizierten (vgl. Beisheim 2005: 252 und 254), indem sie den Bürgern eine Möglichkeit böten, sich politisch zu engagieren, indem sie das Wissen über die internationale Politik in der Bevölkerung erhöhten und indem sie die Transparenz in der internationalen Politik steigerten (vgl. ebd.: 253). NGOs trügen, so Beisheim, dazu bei, dass die Bandbreite der Interessen im Politikprozess vergrößert und aktiviert werde. Jedoch garantiere ihre Einbeziehung in das internationale Regieren nicht automatisch eine Demokratisierung (vgl. ebd.: 257 und 259).

Probleme, über die man bei der Behandlung der Legitimations- und Demokratiefrage nicht hinwegsehen dürfe sind Folgende: Es verfügen nicht alle NGOs über die gleichen Ressourcen. Viele NGOs sind intern nicht demokratisch sondern hierarchisch aufgebaut. Es besteht die Gefahr, dass NGOs instrumentalisiert werden. NGOs agieren außerdem zum Teil als professionalisierte Kooperationspartner von staatlichen Akteuren, dabei müssten sie jedoch aufpassen, dass sie sich nicht von der Basisbevölkerung entfernen und weiterhin nicht-staatliche Akteure bleiben (vgl. Frantz/Martens 2006: 126). Außerdem kann das positive Ansehen der NGOs in der Gesellschaft durch schwarze Schafe ausgenutzt werden.[17]

Nachdem ich nun detailliert auf den G8-Gipfel und auf NGOs eingegangen bin, werde ich im folgenden Unterkapitel die bisherige Beziehung der beiden zueinander thematisieren.

## 2.3. Wie war die Beziehung zwischen G7/G8 und NGOs bisher?

In dieser Arbeit untersuche ich die Fragestellung, ob sich die Beziehung zwischen den G8 und internationalen Nichtregierungsorganisationen verändert hat und ob das Civil-G8-Dialogforum dementsprechend eine neue Einbindungsform und Aktionsform der NGOs ist. Um diese Frage beantworten zu können ist es zunächst wichtig, zu definieren, was eigentlich *alt* ist. Ich muss also ein Gegensatzpaar zu der möglicherweise neuen Einbindungs- und Aktionsform bilden. Es ist dafür notwendig festzuhalten, wie sich die Beziehung zwischen G7/G8 und NGOs bisher gestaltete, um sagen zu können, ob sie sich verändert hat.

[17] Siehe dazu die Ereignisse in 2007 um die französische Hilfsorganisation L'Arche de Zoé, die angebliche Waisenkinder illegal nach Europa hatten bringen wollte. Vgl. http://www.stern.de/politik/ausland/ oder http://www.faz.net, jeweils letzter Zugriff am 27.06.08.

Eine Beziehung zwischen den G7 und NGOs existierte lange Zeit nicht. Die G7 waren ein exklusiver Club. Erst Mitte der 1980er Jahre begannen beide Seiten voneinander Notiz zu nehmen (vgl. Wahl 2006: 68). Grund dafür war, dass sich die Gipfeltreffen auch verstärkt mit politischen Themen auseinandersetzten und die Medien zunehmend über die Gipfeltreffen berichteten (vgl. Putnam/Bayne 1985: 213.) Parallel zum Londoner Gipfel 1984 veranstalteten Mitglieder der britischen Ecological Party den ersten Alternativgipfel „The other economic summit" (TOES)[18]. 170 Teilnehmer aus 16 Ländern erarbeiteten eine 40 Seiten umfassende Abschlusserklärung, die Forderungen zu den Themen Weltwirtschaft, Umwelt, Gesundheit, Reform der UNO und Zukunft der Arbeit enthielt. Seit 1984 hat jedes Jahr ein Alternativgipfel der Zivilgesellschaft stattgefunden, zuletzt 2007 in Rostock.

Die erste Demonstration gegen G7-Gipfel fand ein Jahr nach dem ersten Alternativgipfel in Bonn statt. 25.000 Menschen protestierten 1985 gegen die Politik der sieben Staatschefs. Während der Demonstrationen zum nächsten deutschen Gipfeltreffen in München 1992 wurde die Institution G7 grundsätzlich in Frage gestellt. Es wurde also nicht nur die Politik der G7, sondern auch die G7 an sich kritisiert (Wahl 2006: 68-75). Zwischen diesen zwei Arten von Kritik besteht folgender Unterschied: Eine Kritik der politischen Entscheidungen der G7/G8-Gipfel zielt auf die Inhalte, also die Policy der G7/G8-Gipfel und der Abschlussdokumente. Eine Kritik an dem Netzwerk G7/G8 zielt auf die Polity, also die Strukturen und Verfahren von G7/G8. In diesem Zusammenhang wird den G7/G8 vorgeworfen, sie seien eine „nicht-legitimierte Weltregierung" (zitiert in Nuscheler 2007: 59), die sich anmaße, Entscheidungen mit weltweiten Auswirkungen zu treffen obwohl in den acht Ländern weniger Menschen leben als etwa in China oder Indien (vgl. ebd.).

Noch immer werden Vorwürfe laut, die G8 seien elitär, exklusiv und undemokratisch und es gibt die Forderungen nach Abschaffung oder Reform der G8-Gipfeltreffen (vgl. Wahl 2006: 20 und 92).

Man kann die anfängliche Beziehung zwischen NGOs und den G7 also durchaus als negativ bezeichnen. Beim G7-Gipfel 1995 in Halifax (Großbri-

[18] Vgl. http://www.jamesrobertson.com/toes-nef.htm, letzter Zugriff am 27.06.08.

tannien) wurden NGOs zum ersten Mal im Schlussdokument erwähnt (vgl. Hajnal 2007: 20; www.g-8.de).

Durch die Gipfelreform in Birmingham 1998 hat sich die Beziehung zwischen den (nun) G8-Staaten und NGOs laut Bayne verändert. In Birmingham wurde der so genannte Outreach-Prozess gestartet, der Nichtmitglieds-Staaten, Vertreter von Internationalen Organisationen und die Zivilgesellschaft in das Gipfelgeschehen mit eingebunden hat. Zu diesem Outreach-Prozess gehört zum Beispiel, dass sich die G8-Staats- und Regierungschefs 2007 in Heiligendamm zu Arbeitssitzungen mit den Repräsentanten von Ägypten, Algerien, Nigeria, Senegal, Südafrika, Äthiopien, Ghana, Brasilien, China, Indien und Mexiko sowie mit dem UNO-Generalsekretär, dem Kommissionspräsidenten der Afrikanischen Union, dem Generalsekretär der OECD, dem Vizepräsidenten der Weltbank, dem Direktor des IWF, dem Exekutivdirektor der IEA sowie und dem Generaldirektor der WTO getroffen haben.[19] Der Begriff Outreach lässt sich mit „freundliche Kontakt" übersetzen und umschreiben.

Bayne schreibt, dass die Einbindung der NGOs in Birmingham 1998 begonnen habe und dass seitdem die G8-Präsidentschaft immer eine NGO-Delegation getroffen habe (vgl. Bayne 2005: 207). Auch aus Sicht der deutschen Bundesregierung hat sich die Beziehung verändert. Auf der Internetseite der deutschen Präsidentschaft heißt es:

> „In der Zeit ab 1998 formierte sich die Zivilgesellschaft immer besser als Dialogpartner. Mit etablierten Strukturen der Koordinierung ging die Zivilgesellschaft nunmehr mit konkreten Ideen und Anregungen auf die jeweiligen Präsidentschaften zu. (...) Auch Russland, seit 1998 Mitglied der G8, übernahm diese Kultur der Auseinandersetzung mit den Fragen der Zivilgesellschaft. Die russische Präsidentschaft 2006 lud die Zivilgesellschaft zum Dialog nach St. Petersburg ein." (www.g-8.de)

Jürgen Maier und Tobias Münchmeyer können sich dagegen nicht an eine Veränderung der Beziehungen zwischen G8 und NGOs beim Birmingham-Gipfel erinnern.

Als zivilgesellschaftliche Aktion während des Birmingham-Gipfels lässt sich die Jubilee 2000 bzw. Erlassjahrkampagne nennen: Gesellschaftliche

---

[19] Vgl. das Programm des G8-Gipfels 2007.

Gruppen schlossen sich zusammen und forderten den Schuldenerlass für die ärmsten Länder der Welt bis zum Jahr 2000. An der Kampagne beteiligten sich 24. Mio. Menschen mit ihren Unterschriften und 70.000 Demonstranten.

1999 hat der G8-Gipfel in Deutschland in Köln stattgefunden. Tobias Münchmeyer von Greenpeace erinnert sich, dass es dort offiziell keinen Dialog zwischen den Regierungen und den NGOs gegeben hat. Jedoch habe es in Köln durch Demonstrationen und Menschenketten einen „beeindruckenden Dialog über die Straße“ gegeben. Auch Walter Eberlei schreibt den Kampagnen der NGOs eine große Bedeutung zu, die einen „politischen Handlungsdruck“ (Eberlei 2001: 169) erzeugt hätten, so dass der Schuldenerlass für die ärmsten Länder als zentrales Thema in Köln behandelt wurde (vgl. Eberlei 2001: 168ff.).

Wenige Monate nach den heftigen Protesten gegen die WTO-Konferenz in Seattle (Brandt u.a. 2000: 11; Bayne 2005: 80) fand der G8-Gipfel 2000 in Okinawa statt. Die japanische Präsidentschaft hat den NGOs insofern viel Aufmerksamkeit geschenkt, als dass der japanische Sherpa sich in London mit NGO-Vertretern getroffen hat. Im abschließenden G8-Kommuniqué wird die Zivilgesellschaft erwähnt: “We must engage in a new partnership with non-G8 countries, particularly developing countries, international organisations and civil society”. (Bayne 2005: 88) Laut Bayne habe der Gipfel in Okinawa gezeigt, dass die G8 ihre Kommunikation mit und ihre Beziehung zu den Entwicklungsländern, den Nichtregierungsorganisationen und der öffentlichen Meinung im Allgemeinen verbessern müssten. „The advance of globalisation meant there were far more active players in the system, who had to be convinced of the merits of the G8's decisions.“ (Bayne 2005: 88)

Der Gipfel in Genua, Italien 2001 stellt einen Tiefpunkt in den Beziehungen zwischen G8-Regierungen und NGOs dar. Mit 250.000 Teilnehmern fand hier die größte Demonstration statt (vgl. Wahl 2006: 77). Diese war zunächst friedlich, eskalierte aber dann: Augenzeugen- und Fernsehberichte zeigen Szenen, in denen Journalisten, Fotografen und friedliche Demonstranten, die zum Teil hilflos auf dem Boden lagen, von mehreren Polizisten geschlagen und getreten wurden. Bei Aktionen und Anschlägen von gewalttätigen und vermummten Demonstranten habe die Polizei tatenlos zugesehen und sei nicht eingeschritten. Der 23-jährige Demonstrant Carlo Giuliani wurde von einem Polizisten erschossen[20]. Mit diesen Sätzen sind die Ereignisse um den G8-Gipfel in Genua natürlich nicht umfassend und vollständig behandelt. Das kann ich an dieser Stelle auch nicht. Mit dem folgenden Absatz möchte ich aber zeigen, was zwei meiner Interviewpartner mit Genua assoziieren und was sie darauf zurückführen.

Laut Jürgen Maier habe der Genua-Gipfel ein Umdenken bei beiden Seiten – G8-Regierungen und Nichtregierungsorganisationen – hervorgerufen und zu einer Veränderung in den Beziehungen zwischen G8 und NGOs geführt. Maier bezeichnet die Tage in Genua als „bürgerkriegsähnliche Ausschreitungen". Diese hätten dazu geführt, dass die Zivilgesellschaft verstärkt angefangen habe, sich von den „linksradikalen Chaoten" zu distanzieren, die „nichts anderes wollen als Randale". Die Regierungen hätten angefangen zu sagen, dass die einzige Möglichkeit so etwas zu verhindern, sei, mit den Kritikern zu reden. (Maier 2008) Auch aus dem Sherpa-Stab heißt es, dass nach dem Gipfel von Genua darüber nachgedacht wurde, den Dialog mit der Zivilgesellschaft, der davor auch schon stattgefunden habe, zu intensivieren, ihn zu institutionalisieren und fest in das Gipfelgeschehen zu installieren.

In Kananaskis (Kanada) 2002 haben einzelne führende NGOs, wie Oxfam oder Ärzte ohne Grenzen den Gipfel sehr eng begleitet (vgl. Bayne). Der Gipfel 2003 in Evian (Frankreich) führte laut Hajnal den Prozess des Dialogs und die Struktur von Demonstrationen und Alternativgipfeln fort (vgl. www.g7.utoronto.ca).

Das G8-Gipfeltreffen in Sea Island (USA) im Jahr 2004 stellt einen Rückschritt in der Einbindung der Zivilgesellschaft dar, denn Möglichkeiten für

---

[20] Über die Ereignisse rund um den G8-Gipfel in Genua ließe sich eine ganze BA-Arbeit schreiben. Da in dieser Stelle nicht tiefer darauf eingegangen werden kann, möchte ich auf die WDR-Dokumentation „Gipfelstürmer – Die blutigen Tage von Genua" von Michael Busse und Marie-Rosa Bobbi http://video.google.de/videoplay?docid=-8876259762606192748&pr=goog-sl und den Bericht von Ulrich Brand www.attac.de/genua/prot_brand.php verweisen. Im November 2009 verurteilte ein Gericht in Genua 13 Polizisten zu Freiheitsstrafen vergleiche dazu http://www.zeit.de/online/2008/47/genua-polizisten-freispruch.

die Zivilgesellschaft waren so gut wie nicht gegeben und das Pressezentrum lag 130 Kilometer vom eigentlichen Gipfelort entfernt. Bayne schreibt dazu:

> „Unlike previous years, the American hosts made no attempt to engage civil society organizations. There were no facilities provided for them at Savannah or elsewhere, while NGOs such as Oxfam and Greenpeace were not allowed to circulate papers in the media centre." (Bayne 2005: 155)

2005 fand der G8-Gipfel in der abgelegenen schottischen Ferienanlage Gleneagles in der Nähe von Edinburgh statt. Der U2-Sänger Bono und der irische Musiker Bob Geldof veranstalteten begleitend und öffentlichkeitswirksam die „Live 8"-Konzerte unter dem Motto „Make Poverty History". In neun verschiedenen Ländern fanden Freiluftkonzerte statt, die im Fernsehen übertragen wurden. Diese Kampagne ist verbunden mit der Allianz von NGOs und anderen Gruppierungen unter dem Namen „Global Call for Action against Poverty". Die entwicklungspolitischen NGOs hatten sich für den G8-Gipfel stark zusammengeschlossen und ihre Proteste unter die eine Botschaft „Lass Armut Geschichte werden" gestellt. Mit diesem einheitlichen Auftreten sei eine große Durchdringung der Gesellschaft erzielt worden. „Es dürfte einmalig in der Geschichte sein, dass in einem Industrieland das Thema Entwicklung monatelang eine so prominente Rolle spielte wie 2005 in Großbritannien." (Wahl 2006: 81; vgl. Bricke 2007: 10) Tony Blair hat die NGOs zu diesem Gipfel eingebunden, indem er einen Mitarbeiter von Oxfam als Berater eingestellt hat (vgl. Wahl 2006: 80).

Nahezu alle Interviewpartner haben auf meine Nachfrage deutlich gesagt, dass sich seit der russischen G8-Präsidentschaft im Jahr 2006 die Beziehungen zwischen G8 und NGOs positiv verändert haben. „Es hat eine sehr große Veränderung in den Beziehungen zwischen G8 und NGOs stattgefunden. Das ist paradoxerweise zum gewissen Teil unter der russische Präsidentschaft geschehen", sagt Tobias Münchmeyer. Und Jürgen Maier sagt, Putin habe den Dialog interessanterweise 2006 formalisiert und richtig ausgebaut. Denn in Russland hat es ein öffentliches Treffen zwischen allen neun Sherpas und NGO-Vertretern gegeben, bei dem diese vor laufender Kamera Fragen stellen und Kritik äußern konnten. Zu dem „Civil-G8-2006" gehörten zusätzlich ein Runder Tisch von internationalen NGO-Experten, zwei öffentliche internationale Foren, im weiteren und im engeren Rahmen mit den G8-Sherpas aller Länder, ein Forum im Juli 2006 mit Präsident Wladimir Putin, ein internationaler Runder Tisch mit NGOs aus Afrika und eine Abschlusskonferenz, die im November 2006 statt fand (Rundbrief Forum Umwelt und Entwicklung 1/2007: 16). Diese Veranstaltungen wurden organisiert von Ella Pamfilowa, die Koordinatorin der Nationalen Arbeitsgruppe für das Projekt „Civil G8-2006“ war. Ella Pamfilowa hatte eine „halbstaatliche Rolle“ (Bricke 2006: 12) inne, denn sie war Vertreterin der Zivilgesellschaft und stand als ehemalige Sozialministerin im engen Kontakt zur Regierung.[21] Jens Siegert, der für die Heinrich-Böll-Stiftung in Moskau arbeitet, beurteilte den russischen Dialog mit NGOs folgendermaßen:

> „Die kreml-initiierte NGO-Beteiligung während des russischen G8-Vorsitzes hatte also ein durchaus zweischneidiges Ergebnis. Auf der einen Seite konnte die russische Staatsführung tatsächlich den internationalen Druck wegen ihrer zunehmend autoritären Innenpolitik zumindest im Jahr des Vorsitzes abmildern. Im Gegenzug musste aber die Mitarbeit von NGOs zugelassen werden, die in Russland der Kremlpolitik kritisch gegenüber stehen. Wer dabei mehr gewonnen oder verloren hat, ist kaum zu beurteilen. Außerdem wurde dem deutschen G8 Vorsitz ein Standard an NGO-Beteiligung hinterlassen, den zu unterschreiten zusätzlichen und dort sicher wenig gewünschten politischen Ärger zur Folge haben dürfte.“ (Siegert 2007: 17)

In ähnlicher Form wurde das Civil-G8-Treffen schließlich 2007 in Deutschland wiederholt. Dieses wird Gegenstand des dritten und vierten Kapitels sein.

Vor 2006 hat es laut Auskunft von Tobias Münchmeyer auf bundesdeutscher Seite immer ein Treffen mit dem Sherpa Bernd Pfaffenbach gegeben. Münchmeyer bezeichnete die Treffen zwischen dem deutschen Sherpa und einer Gruppe von NGOs jedoch als ziemlich unergiebig.

An dieser Stelle soll erwähnt werden, dass es in Russland und Deutschland auch Demonstrationen und einen Alternativgipfel gegeben hat. Außerdem hat sich Bundeskanzlerin Angela Merkel vor dem G8-Gipfel mit einer Gruppe von NGO-Vertretern zu einem informellen Lobby-Gespräch getroffen und nach dem G8-Gipfel ein Auswertungsgespräch mit ihnen geführt.

---

[21] Zum Civil G8-2006 in Russland siehe auch http://de.civilg8.ru/.

Zusammenfassend lässt sich zu diesem Unterkapitel Folgendes sagen: Bei G8-Gipfeln gibt und gab es verschiedene Einbindungs- und Aktionsformen internationaler NGOs. Ein Treffen zwischen allen Sherpas und NGO-Vertretern hat erstmals vor dem Gipfel 2006 stattgefunden.

## 2.4. Global Governance

In der internationalen Politik sind Staaten nicht die einzigen Akteure. Internationale Organisationen, weltweit agierende Wirtschaftsunternehmen und Nichtregierungsorganisationen spielen bedeutende Rollen. In diesem Globalisierungsprozess haben sich neue Formen des Regierens entwickelt. Wichtige Entscheidungen werden nicht mehr nur auf nationalstaatlicher Ebene getroffen, sondern auch auf internationaler Ebene – als solche beeinflussen sie trotzdem die Menschen auf lokaler Ebene. Viele Themen wie der Klimawandel stehen in einem globalen, grenzüberschreitenden Zusammenhang und müssen auch in diesem behandelt und gelöst werden (vgl. Frantz/Martens 2006: 79 und Messner 2004: 19ff.). Interessensvertretung findet demnach nicht nur auf nationaler Ebene statt. Unternehmen, Interessensverbände und NGOs wollen auch Entscheidungen auf der immer wichtiger werdenden internationalen Ebene (z.B. EU, UNO, WTO und auch der G8[22]) beeinflussen. Die NGOs haben sich vor allem im Zuge der Weltkonferenzen in den 1990er Jahren von einer Graswurzelorganisation zu einem Partner auf dem diplomatischen Parkett entwickelt und greifen zunehmend zu kooperativen Strategien[23] (vgl. Take 2002). Außerdem haben sich die Beziehungen zwischen NGOs und internationalen Organisationen verstärkt institutionalisiert. In diesem Kontext setzt das Theorie-Konzept Global Governance an.

Der englische Begriff Global Governance hat sich in der deutschen politikwissenschaftlichen Debatte durchgesetzt. Als „Großbegriff“ beziehe er seine diskursive Attraktivität gerade daraus, dass er wie die Begriffe „Freiheit“

---

[22] Denn die gemeinsamen Forderungen und Standpunkte auf die sich die acht Staaten zusammen einigen, können sie auf UN- oder EU-Ebene relativ leicht durchsetzen.

[23] Dies muss hervorgehoben werden obwohl bereits die Zusammenarbeit zwischen NGOs und dem Völkerbund bereits hoch kooperativ war (Frantz und Martens S. 89).

oder „Demokratie“ unterschiedlich oder gar gegensätzlich gedeutet und zur Verfolgung unterschiedlicher Ziele und Interessen benutzt werden könne (vgl. Brand u.a. 2000: 13). Nichtsdestotrotz soll hier eine Definition des Begriffs genannt werden, mit der ich weiterhin arbeiten werde: Es handelt sich bei Global Governance um „das Zusammenwirken von Regierungen, internationalen und supranationalen Institutionen, ökonomischen und anderen Nichtregierungsakteuren in einem Geflecht von formellen und informellen Beziehungen“ (ebd.), das sich übergreifend von der lokalen bis zur globalen Ebene erstreckt.

Das Konzept von Global Governance wird von Ulrich Brand und anderen in drei unterschiedlichen Weisen verstanden und verwendet (vgl. ebd.: 13-14). Es wird erstens empirisch-analytisch als begriffliches Instrumentarium (vor allem von James Rosenau[24]), zweitens in einem normativen und handlungsorientiertem Verständnis, das als Leitbild politische Orientierungshilfe geben soll, und drittens als politisch-strategischer Reformansatz verstanden. Der politisch-strategische Reformansatz muss als „wichtiger Versuch der Neugestaltung von Staatlichkeit im Prozess der Globalisierung“ verstanden werden, der konkrete Handlungsanweisungen gibt (vgl. Brand u.a. 2000: 22). Mit einem kurzen Überblick über das Global Governance Konzept und insbesondere den politisch-strategischem Reformansatz möchte ich analysieren, welche möglichen Handlungsempfehlungen dazu geführt haben, dass die G8 in einen Dialog mit den NGOs getreten sind.

Der Begriff „Global Governance“ wurde durch den Bericht der Com*mission on Global Governance (CGG)* populär gemacht. Diese Kommission, die auf Initiative von Willy Brandt gegründet wurde, hat 1995 den Bericht „Nachbarn in einer Welt“ herausgegeben. An der Publikation und Weiterentwicklung des CGG-Berichts war und ist maßgeblich die Stiftung Entwicklung und Frieden beteiligt, die ebenfalls auf Initiative von Willy Brandt gegründet wurde. Global Governance wird von der Stiftung Entwicklung und Frieden als das „Zusammenwirken von staatlichen und nicht-staatlichen Akteuren von der lokalen bis zur globalen Ebene“ (Messner/Nuscheler 1996: 3) definiert. NGOs werden von Messner und Nuscheler als „Keimzelle der internationalen Zivilgesellschaft“ (ebd.: 6) bezeichnet. Diese wird als eine neue Ak-

---

[24] Er hat betont, dass Governance nicht Government bedeutet.

teursgruppe beschrieben, deren „Aktivitäten weitreichende Auswirkungen auf das Innen- und Zusammenleben der Staatenwelt haben“ (ebd.: 1). Global Governance bedeutet für beide, dass „de facto ein System geteilter Souveränitäten entsteht“. In diesem System gewinnen zivilgesellschaftliche Akteure (NGOs) „als Korrekturinstanz und als mitgestaltende Akteure an Bedeutung“ (ebd.: 5).

Ende 1999 hat der Deutsche Bundestag eine Enquete-Kommission mit dem Titel „Globalisierung der Weltwirtschaft – Herausforderungen und Antworten“ eingesetzt. Diese hat der Bundestag damit beauftragt, Gründe und Auswirkungen der Globalisierung zusammenzustellen sowie Handlungsempfehlungen für die nationale und internationale Politik aufzuzeigen. Diesem Auftrag kommt die Enquete-Kommission in ihrem Schlussbericht vom 12. Juni 2002 nach. Ich verwende diesen Bericht als Quelle, da ich die Motivation der deutschen Regierung, das Civil-G8-Dialogforum zu veranstalten, untersuchen will.

Die Autoren des Schlussberichts formulieren mehrere Handlungsempfehlungen an die deutsche Regierung in Bezug auf nichtstaatliche Akteure. Nichtstaatliche Akteure sind dabei für sie „Verbände wie Gewerkschaften, Industrie-, Arbeitgeber- und Wohlfahrtsverbände sowie Umwelt-, Entwicklungs- und Menschenrechts-NGOs, wie Greenpeace, Oxfam oder Amnesty International“ (ebd.: 439).

Die deutsche Regierung solle demokratische Foren schaffen, in denen ein offener Meinungsaustausch mit Möglichkeit zur Kritik zwischen Vertretern von Politik, Wirtschaft und Gesellschaft stattfinden kann. Des Weiteren solle zivilgesellschaftliches Engagement finanziell unterstützt werden. Außerdem wird empfohlen, alle Akteure der Zivilgesellschaft gleich zu behandeln, das heißt, dass NGOs die gleichen Rechte und Möglichkeiten haben müssten wie Wirtschafts- und Sozialverbände (vgl. Enquete Kommission 2002: 442). Der Zivilgesellschaft solle im Rahmen der Global Governance mehr ermöglicht werden. Dazu zählen die Autoren etwa die Schaffung von Einbindungsformen wie Anhörungs-, Petitions- und Beschwerdemöglichkeiten bei internationalen Organisationen und Konferenzen sowie den Ausbau des Konsultativstatus, wie es ihn bei den Vereinten Nationen gibt. Ein solcher Konsultativstatus könnte bei IWF, Weltbank oder WTO zu einer stärkeren

Kontrolle und Transparenz dieser Organisationen führen. Generell sollte bei Reformen oder Gründungen von internationalen Organisationen auf die Einbindungen zivilgesellschaftlicher Gruppen geachtet werden (vgl. Enquete Kommission 2002: 442 und 448).

> „Um in Zukunft friedliche Dialoge in Gang setzen und militante Proteste vermeiden zu können wäre es sinnvoll, demokratische Foren für den offenen Meinungsaustausch mit Adressaten in Politik, Wirtschaft und Gesellschaft zu schaffen, in deren Rahmen auch Kritik geäußert werden kann. Solche neuen Formen der Partizipation sollen dazu betragen, den ins Hintertreffen geratenen gesellschaftlichen Gruppen Mitsprachemöglichkeiten und die Teilhabe an Global Governance zu verschaffen." (ebd.: 439)

Schließlich empfiehlt die Enquete-Kommission, dass die deutsche Regierung die Bedeutung und Relevanz von Weltkonferenzen als wichtige Politikarenen erkennen solle. Dazu solle der „Dialog mit interessierten Akteursgruppen (u.a. Wirtschaftsverbände, Gewerkschaften, NROs, Wissenschaft, Berufsvereinigungen)" (Enquete-Kommission 2002: 425) in heterogenen Politiknetzwerken vertieft werden.

Die Autoren des Berichts benennen zudem die Funktionen und Aufgaben von NGOs. Dazu zähle, dass nichtstaatliche Akteure mit ihrem Engagement in einem System von „Checks and Balances" eine wichtige demokratische Funktion erfüllten. Diese Funktion erfüllen NGOs, indem sie dazu beitrügen, Entscheidungsprozesse öffentlicher und transparenter zu machen. Sie übernähmen ferner Aufgaben in den Bereichen Monitoring, Information, Konsultation, kritischem Dialog und öffentlichem Protest. In dem Bericht wird schließlich kritisch betont, dass NGOs keine gesamtgesellschaftlich verbindliche Entscheidungskompetenz haben, also nicht dafür legitimiert seien, allgemein verbindliche Entscheidungen zu treffen und diese Funktion deshalb weiterhin von entsprechend demokratisch legitimierten Akteuren übernommen werden müsse. Die Autoren schließen daraus das Ziel, dass sich NGOs intern demokratisieren sollten (vgl. Enquete Kommission 2002: 441).

Die behandelten Texte über Global Governance empfehlen der Regierung, NGOs in verschiedenste Prozesse einzubinden. Im folgenden Absatz soll deshalb detailliert auf die Einbindungsformen eingegangen werden.

Neben verschiedenen Formen von Protest als Beeinflussung von Außen, gibt es Einbindungsformen, bei denen NGOs das Geschehen von innen her beeinflussen können (vgl. Frantz/Martens 2006: 78). In der Einleitung habe ich Einbindungsformen als Möglichkeit definiert, wie Regierungen oder andere Entscheidungsträger NGOs in Verhandlungs- und Entscheidungsprozesse einbeziehen und integrieren. Dazu zählen Anhörungsverfahren, die Möglichkeit nicht-öffentliche Dokumente (beispielsweise die Draft-Versionen des G8-Communiqués) zu lesen oder darüber zu sprechen, Lobbygespräche mit Entscheidungsträgern, die Teilnahme als Experten oder Berater in Regierungsdelegationen und die Beteiligung an der Umsetzung von politischen Entscheidungen. Abbildung 6 im Anhang zeigt, dass es z.B. bei der Weltbank oder bei der UNO mehrere formelle oder informelle „Partizipationsmöglichkeiten im Rahmen des Policy-Dialogs" (Mohr 2005: 314) gibt. Auch eine operative Zusammenarbeit, bei der NGOs als Dienstleister oder Kooperationspartner der Weltbank auftreten, existiert. So waren NGOs zum Beispiel 2001 bei 67% aller Weltbank-Projekte beteiligt (vgl. ebd.: 313). Bei der Betrachtung von Einbindungsformen muss demnach auch unterschieden werden, in welcher Phase des Policy-Cycles NGOs eingebunden werden. Zu den Phasen des Policy-Cycles zählen die Problemdefinition, das Agenda-Setting, die Politikformulierung, die Politikimplementierung und die Politikevaluierung (vgl. Schubert/Bandelow 2003: 82).

Die Enquete-Kommission unterscheidet zwischen Einbindung der NGOs in Beratungsverfahren, Politiknetzwerke und in die Implementation. Jede Einbindungsform sei mit Vorteilen für die staatlichen Institutionen verbunden. Zum Beispiel habe der Politikdialog mit NGOs folgende positive Auswirkungen:

> „die Abschöpfung von Expertise und Problemlösungskompetenz, die Legitimierung der eigenen Politik und die Stärkung der eigenen Position gegenüber anderen Regierungen oder zwischenstaatlichen Organisationen sowie auch die Früherkennung von gesellschaftlichen Problemen und sozialem Protest." (Enquete-Kommission Globalisierung der Weltwirtschaft – Herausforderungen und Antworten 2002: 441)

Politiknetzwerke trügen dazu bei, Vertrauen unter den Beteiligten zu schaffen, Wissen zu verbreiten und innovative Implementationsmechanismen zu erarbeiten. Außerdem sorge der Dialog an „Runden Tischen" auch für Transparenz in der internationalen Politik.

## 2.5. Hypothesen

Aufbauend auf meinen bisherigen Ausführungen formuliere ich folgende Hypothesen:

I. *Unter der Bedingung, dass die NGO-Seite zur Kooperation bereit ist und über die Ressourcen zur Kooperation verfügt, ist eine G8-Präsidentschaft dazu bereit, einen öffentlichen, geplanten Dialog mit der Zivilgesellschaft zu veranstalten und die NGOs somit in die Vorbereitungen zum G8-Gipfel einzubinden, weil dies der Logik von Global Governance entspricht.*

II. *Wenn die NGO-Gemeinschaft eines G8-Landes über Bündnisstrukturen verfügt, in der ein gemeinsamer Standpunkt herauskristallisiert werden kann und durch die es möglich ist, kooperativ mit den G8-Regierungen zu agieren und in Dialog zu treten, kann ein Civil-G8-Dialogforum stattfinden.*

III. *Je stärker die G8 unter dem Druck der Öffentlichkeit stehen, ein Glaubwürdigkeitsproblem haben und mit Vorwürfen von Intransparenz sowie Demokratie- und Legitimationsdefizit konfrontiert werden, desto eher sind sie bereit, einen öffentlichen, strukturierten und formalisierten Dialog mit Nichtregierungsorganisationen einzugehen und NGOs dadurch in die Vorbereitungen zum G8-Gipfel einzubinden, da die NGOs die Ressource Demokratie/Legitimität/Effektivität besitzen.*

IV. *Eine Betrachtung der bisherigen Beziehungen zwischen G7/G8-Vertretern und NGOs sowie die Analyse der geführten Interviews zeigt, dass sich die Beziehungen verändert haben und seit 2006 durch einen Civil-G8-Dialog auch als öffentlich und formalisiert charakterisiert werden können. Somit gibt es mit dem Civil-G8-Dialogforum bei G8-Gipfeln auch eine kooperative Aktionsform und eine Einbindungsform, so dass eine Interaktionskette entstanden ist.*

# 3. Das Civil-G8-Dialogforum

Am 25. und 26. April 2007 trafen sich über 200 NGO-Vertreter aus 28 Ländern mit Vertretern aus der Wirtschaft, deutschen Regierungsvertretern und den neun Sherpas des G8-Gipfels in Bonn zum Civil-G8-Dialogforum. Dieses wurde gemeinsam von der deutschen Bundesregierung (G8-Präsidentschaft) und dem Forum Umwelt und Entwicklung (siehe 3.4) veranstaltet. Die neun Sherpas waren jedoch lediglich am zweiten Tag für zwei Stunden anwesend. Von der *taz* wurde das Treffen deshalb als „Stippvisite“[25] bezeichnet.

Die Veranstaltung war so aufgebaut, dass bereits am Nachmittag des ersten und am Vormittag des zweiten Tages in mehreren Podiumsdiskussionen und Workshops ein Dialog zwischen NGO-, Wirtschafts- und Regierungsvertretern geführt wurde bzw. die Möglichkeit dazu bestand (vgl. Bricke 2007). Die Gespräche in den Workshops und die Podiumsdiskussionen waren als Planungs- und Arbeitstreffen vorgesehen (Bricke 2008). Jürgen Maier beurteilt das Civil-G8-Dialogforum und insbesondere die Diskussionen in den Workshops rückblickend so:

> „Die Veranstaltung war insgesamt auf einem inhaltlich sehr hohen Niveau. Wir hatten die einzelnen Arbeitsgruppen und Workshops, in denen die Experten zu den jeweiligen Themen sehr sachlich und auf hohem Niveau miteinander diskutiert haben. Entgegen mancher Befürchtungen gab es keinen polemischen Schlagabtausch. Lediglich in einer Gruppe ist wohl ziemlich aneinander vorbei diskutiert worden.“ (Maier 2008)

Der deutsche Sherpa Dr. Bernd Pfaffenbach verdeutlichte im Vorfeld, wie das Civil-G8-Dialogforum gestaltet war:

> „Das Treffen ist nicht so gestaltet, dass die Zivilgesellschaft die Möglichkeit bekommt, direkten Einfluss auf die Gipfeldokumente zu nehmen. Das wäre eine übertriebene und unrealistische Vorstellung. Aber es ist auch nicht so gestaltet, dass dies verhindert wird. Denn es ist völlig legitim, dass von Seiten der Zivilgesellschaft Lobbypolitik angestrebt wird. Das ist normal, da wir ja auch Gespräche mit anderen Interessenvertretern führen. Wir haben das Treffen ja schließlich nicht als Alibiveranstaltung konzipiert.“ (Pfaffenbach 2007)

---

[25] Jensen am 26.04.07 in der taz „Stippvisite bei der Zivilgesellschaft“ www.taz.de .

Das Dialogforum hatte den Charakter einer professionell organisierten Tagung. Jeder Teilnehmer musste sich zu Beginn registrieren, bekam ein Namensschild und eine Tagungsmappe. Getränke und Essen waren in der ganzen Zeit frei zugänglich. Dolmetscher sorgten für eine simultane Übersetzung der Reden in Englisch und Deutsch.

In den folgenden Unterkapiteln werde ich die Teilnehmer, das Programm sowie die Organisation und die Veranstalter vorstellen und analysieren. Außerdem werde ich unter 3.5 auf die deutsche bzw. internationale NGO-Gemeinschaft eingehen, die zum G8-Gipfel ein Positionspapier formuliert hat. Unter 3.6 werde ich die Punkte zusammenfassen, die meine Interviewpartner rückblickend am Civil-G8-Dialogforum kritisiert haben und in 3.7 ein Zwischenfazit formulieren.

## 3.1. Teilnehmer

Das Civil-G8-Dialogforum war keine öffentliche Veranstaltung, zu der jeder interessierte Bürger kommen konnte. Teilnehmen durften nur diejenigen, die eingeladen und angemeldet waren. Das waren insgesamt 263 Teilnehmer (siehe Teilnehmerliste im Anhang). Die Teilnehmerzahl war damit in Bonn um die Hälfte niedriger als in Moskau im Jahr davor, doch das war Absicht, zum einen aus finanziellen Gründen und zum anderen „aus Gründen des besseren Austausches“, wie Mona Bricke 2007 erklärte (Bricke 2007: 14).

Die Zusammensetzung der Teilnehmer war an mehrere Kriterien und Vorgaben gebunden. Der Sherpastab strebte einen Dialog mit der internationalen Zivilgesellschaft an, insofern war es notwendig zumindest NGO-Vertreter aus den acht Staaten einzuladen. Das Forum Umwelt und Entwicklung spezifizierte das Kriterium der Internationalität: Sie hatten sich zum Ziel gesetzt, ein Gleichgewicht zwischen NGO-Vertretern aus G8-, Schwellen- und Entwicklungsländern herzustellen (Bricke 2007). Wie Abbildung 2 zeigt, kamen 79,45% der Teilnehmer aus G8-Ländern und 20,52% aus Nicht-G8-Ländern. Der afrikanische Kontinent war mit 22 Teilnehmern (8,63%) vertreten und aus Süd-Amerika (Brasilien und Mexiko) kamen vier Vertreter. Mit 140 Personen kamen über die Hälfte der Teilnehmer ausDeutschland. Ein Jahr nach dem Dialogforum äußerte sich

Deutschland. Ein Jahr nach dem Dialogforum äußerte sich Jürgen Maier zufrieden über die Teilnehmermischung (vgl. Maier I 2008: 6). Die Tabelle auf der nächsten Seite zeigt die Teilnehmer am Civil-G8-Dialogforum sortiert nach dem Herkunftsland.

Für die deutsche Bundesregierung impliziert ein Dialog mit der Zivilgesellschaft nicht nur einen Dialog mit NGOs sondern auch mit Vertretern von Kirchen, Gewerkschaft und Industrie:

> „Wir haben auch von Anfang an Wert darauf gelegt, dass das gesamte Spektrum der Zivilgesellschaft abgedeckt ist. Das heißt für uns, dass nicht nur globalisierungskritische Organisationen sondern auch Gewerkschaften, Kirchenvertreter und Vertreter der Industrie zu dem Treffen nach Bonn kommen." (Pfaffenbach 2007)

Betrachtet man die Teilnehmerliste (siehe Anhang), dann wurde dieser Anspruch erfüllt. Neben Mitgliedern vom Forum Umwelt und Entwicklung, von VENRO, Terres des Hommes, World Wild Fund for Nature (WWF), Greenpeace, Amnesty International, Germanwatch, WEED, NABU, Kindernothilfe oder Transparency International, waren auch kirchliche Vertreter von Misereor, dem Evangelischen Entwicklungsdienst (EED), der Evangelischen Kirche Deutschlands (EKD), Brot für die Welt, dem Bund der Katholischen Jugend (BDKJ), Pax Christi sowie der katholischen Bischofskonferenz aus Nigeria anwesend. Außerdem waren der Deutsche Gewerkschaftsbund (DGB), die deutsche Industrie und Handelskammer (IHK), der Bundesverband der Deutschen Industrie, The Business and Industry Advisory Committee to the OECD (BIAC), der internationale Pharmaverband (IFPMA) und der International Chamber of Commerce (ICC) vertreten.

Abbildung 2: Teilnehmer des Civil-G8-Dialogforums nach Herkunftsland sortiert (Quelle: Eigene Darstellung)

| **Länder** | **Teilnehmer** | **TN in Prozent** |
|---|---|---|
| Deutschland | 140 | 53,23% |
| Vereinigte Staaten von Amerika | 9 | 3,42% |
| Großbritannien | 17 | 6,46% |
| Japan | 8 | 3,04% |
| Russland | 19 | 7,22% |
| Frankreich | 6 | 2,28% |
| Kanada | 4 | 1,52% |
| Italien | 6 | 2,28% |
| Uganda | 2 | 0,76% |
| Mexiko | 2 | 0,76% |
| Niederlande | 3 | 1,14% |
| Simbabwe | 2 | 0,76% |
| Südafrika | 6 | 2,28% |
| Nigeria | 1 | 0,38% |
| Zentralafrikanische Republik | 1 | 0,38% |
| Belgien | 8 | 3,04% |
| Malawi | 3 | 1,14% |
| Brasilien | 2 | 0,76% |
| Schweiz | 2 | 0,76% |
| Ghana | 1 | 0,38% |
| Ägypten | 1 | 0,38% |
| Dänemark | 1 | 0,38% |
| Malaysia | 2 | 0,76% |
| Kenia | 3 | 1,14% |
| Senegal | 1 | 0,38% |
| Indien | 2 | 0,76% |
| China | 1 | 0,38% |
| Sudan | 1 | 0,38% |
| Keinem Land zugeordnet | 9 | 3,42% |
| **Gesamt:** | **263** | 100% |

| | | |
|---|---|---|
| Teilnehmer aus G8-Staaten | 209 | 79,45% |
| TN aus Nicht-G8-Staaten | 54 | 20,52% |
| Teilnehmer aus Afrika | 22 | 8,36% |
| Teilnehmer aus Süd-Amerika | 4 | 1,52% |

Auf der Teilnehmerliste finden sich auch 35 Vertreter aus sechs deutschen Ministerien, die in den Diskussionen die deutsche Regierung vertreten haben. Darunter waren Mitarbeiter des Bundesministeriums für Wirtschaftliche Zusammenarbeit und Entwicklung (BMZ), des Bundesministeriums für Wirtschaft und Technologie (BMWI), des Bundesministeriums für Ernährung, Landwirtschaft und Verbraucherschutz (BMELV), des Bundesministeriums für Gesundheit (BMG), des Bundesministerium der Justiz (BMJ) und des Bundesministeriums für Umwelt, Naturschutz und Reaktorsicherheit (BMU).[26]

Zu den 263 Teilnehmern zählten zudem die neun Sherpas und deren Mitarbeiter, so dass nicht dauerhaft 263 Teilnehmer anwesend waren. Außerdem waren einige Teilnehmer nur bei einzelnen Programmpunkten anwesend. Das führte dazu, dass der Sitzungssaal vor allem bei manchen Diskussionen ziemlich leer war. Die stark variierende Teilnehmerzahl ist einer der Kritikpunkte, die von Mona Bricke und Jürgen Maier im Nachhinein angemerkt wurden (siehe 3.6).

## 3.2. Programm und Inhalte der Diskussionen

Das Civil-G8-Dialogforum begann am 25. April um 13 Uhr und wurde von Ministerin Heidemarie Wieczorek-Zeul und Regine Günther (WWF und Forum Umwelt und Entwicklung) eröffnet. Beide sprachen in ihren Reden neben den inhaltlichen Punkten auch den Dialog zwischen G8 und Zivilgesellschaft an. Wieczorek-Zeul bezeichnete es als Chance des Dialogforums, dass NGOs das notwendige Bewusstsein und den notwendigen Druck in der Öffentlichkeit schaffen, damit die G8 Bedeutendes erreichen. Des Weiteren sagte die Ministerin: „Ohne Druck geht nichts – Ihre Unterstützung ist uns und mir persönlich sehr wichtig“. Für die Glaubwürdigkeit der G8-Staaten sei es wichtig, dass diese ihre Ziele einhielten. Sie bat die

---

[26] Zwei weitere Kriterien sind für mich anhand der Teilnehmerliste nur schwer nachprüfbar: Das Forum Umwelt hat zum einen das Kriterium aufgestellt, sowohl Generalisten als auch Experten zum G8-Gipfel und den Themen der Arbeitsgruppen einzuladen. Zum anderen hatten sie den Anspruch ein Gender-Gleichgewicht herzustellen. Gerade bei nicht typisch deutschen Namen kann ich dies nicht eindeutig überprüfen.

NGOs gemeinsam für einen Fortschritt in der Armutsbekämpfung zu arbeiten: „Und lassen Sie uns dies bitte in lebhafter, aber gleichsam friedlicher Atmosphäre tun." Auch Regine Günther freute sich über das Dialogforum zwischen Zivilgesellschaft und G8-Staaten, bezeichnete es jedoch „leider" als etwas Besonderes:

> „Noch ist es keinesfalls eine Selbstverständlichkeit, dass die Regierungen der einflussreichsten Länder der Erde die Zivilgesellschaft bei ihrem jährlichen G8-Treffen im Vorfeld konsultiere und den Austausch bei den drängenden Zukunftsfragen suchen."

Diese Aussagen verdeutlichen eine gegenseitige Abhängigkeit.

Im Folgenden will ich die einzelnen Programmpunkte jeweils knapp zusammenfassen und dabei insbesondere darauf eingehen, wie der Dialog gestaltet war: War es ein tiefgehender Austausch von Argumenten, ein Streit, ein Kuschelkurs oder ein oberflächlicher Schlagabtausch?

Abbildung 3: Programm des ersten Tages

| **Uhrzeit** | **Mittwoch, 25. April 2007** |
|---|---|
| 11:00 – 13:00 | Anmeldung |
| 13:00 – 14:00 | Eröffnung mit Regine Günther und Heidemarie Wieczorek-Zeul |
| 14:00 – 15:30 | Podiumsdiskussion: „The G8-Prozess and the Heiligendamm Summit – Civil Society Criticism, Expectations and Perspectives"<br>Einführung: Ulrich Post – VENRO<br>Podiumsteilnehmer: Ulrich Benterbusch, Ella Pamfilova, Jürgen Maier, Tobias Münchmeyer, Peter Wahl<br>Moderation: Ruth Gütter (EKD) |
| 16:00 – 17:30 | Panel I: World Economy<br>Einführung: Marthin Khor<br>Podiumsteilnehmer: Dr. Karl-Ernst Brauner, Ronnie Hall, Dr. Eric Noehrenberg<br>Moderation: Monika Hoegen, Journalistin |
| 18:00 – 19:30 | Panel II: Afrika<br>Einführung: Fr. George Ehusani, katholische Bischofskonferenz Nigeria<br>Podiumsteilnehmer: Karin Kortmann, Henry Sinjwala Malumo und Michael Windfuhr<br>Moderation: Millicent Botsio |
| 20:00 – 22:00 | Empfang im Bonner Rathaus |

Quelle: Eigene Darstellung

*Podiumsdiskussion*

An die Eröffnungsreden von Heidemarie Wieczorek-Zeul und Regine Günther schloss sich die erste Podiumsdiskussion an. Daran nahmen Ulrich Post (Venro), Tobias Münchmeyer (Greenpeace), Jürgen Maier, Ulrich Benterbusch (deutscher Sherpa Stab), Ella Pamfilova (Civil-G8 Russland) und Peter Wahl (Attac und Weed) teil.

Ulrich Post führte in die Podiumsdiskussion ein und stellte in seiner Rede die Forderungen der NGO-Gemeinschaft zu sieben Themen (siehe 3.5) vor. Zu Beginn begründete er auch das Engagement der NGOs im Umfeld des G8-Gipfels damit, dass der Gipfel eine sehr gute Gelegenheit sei, öffentliche Aufmerksamkeit und Unterstützung zu erreichen. Er warb außerdem dafür, die Vorschläge der NGOs ernst zu nehmen, obwohl NGOs nicht alle Fähigkeiten besäßen, die Regierungen ihr Eigen nennen könnten:

> „Aber auch NRO verfügen über komparative Vorteile gegenüber Regierungen. Sie besitzen eine hohe Glaubwürdigkeit, wir können freiwilliges und ehrenamtliches Engagement mobilisieren, wir haben prominente Fürsprecher in der Gesellschaft, wir arbeiten qualitätsorientiert und sehr kostenbewusst. Uns unterstellt niemand, unsere Arbeit aus Profit- oder parteipolitischen Gründen zu betreiben." (Post 2007)

Ulrich Benterbusch vom deutschen Sherpa-Stab betonte, dass das Civil-G8-Dialogforum der Kanzlerin und der Regierung ein großes Anliegen sei und sich seit dem britischen Gipfel 2005 eine Kehrtwende zum Guten vollzogen habe. Weder die Regierung noch die NGOs hätten die Weisheit mit Löffeln gefressen. Ein Dialog trage dazu bei, dass das gegenseitige Verständnis voneinander wachse, Missverständnisse ausgeräumt werden können und über gemeinsame Politikziele gesprochen werden könne.

„Ich erinnere mich noch ganz gut daran, dass ich beim Eröffnungspanel sprechen durfte und dass das, was ich dort gesagt habe, auch vor allem in der deutschen Delegation zu Reaktionen geführt hat", sagt Tobias Münchmeyer von Greenpeace Deutschland rückblickend. In seinem Statement stellte er die Erwartungen, die Greenpeace an die G8-Staaten richtete, dar. Dazu zählte unter anderem die Erwartung, dass die G8-Staaten sich darauf verständigen, ihre Treibhausgasemissionen bis 2020 um mindestens 30%

zu reduzieren. Er machte darauf aufmerksam, dass Angela Merkel die Erwartungen hochgeschraubt habe und forderte von den G8-Staaten, mehr Verantwortung im Klimaschutz zu übernehmen, notfalls ohne die USA.

Peter Wahl bezeichnete den G8-Gipfel in seiner Rede als irrelevant, da zum Beispiel der französische Präsident Jacques Chirac schon eine „dead duck" sei. Er kritisierte das Grundkonzept von G8 und bezeichnete den Gipfel als wenig viel versprechend. Ulrich Benterbusch reagierte auf die Aussage Wahls, dass es viel leichter sei, Probleme zu beschreiben als Probleme zu lösen.

Wie die Abbildungen 3 und 4 zeigen, fanden am Mittwochnachmittag und Donnerstagmorgen drei Paneldiskussionen zu den Themen Weltwirtschaft, Afrika sowie Klima und Energie statt. Leider gibt es zu diesen Diskussionen keine Protokolle und auch meine Notizen sind nicht sehr ergiebig, so dass ich nicht näher auf diese Diskussionen eingehen kann.

Abbildung 4: Programm des zweiten Tages

| **Uhrzeit** | **Donnerstag, 26. April 2007** |
|---|---|
| 9:30 – 11 | Panel III: Klima und Energie<br>Einführung: Michael Anthony, Allianz<br>Podiumsteilnehmer: Dr. Karsten Sach, Angelika Zahrnt und Hans Verolme<br>Moderation: Jennifer Morgan, E3G |
| 11:15 – 12:30 | Workshops Teil I<br>Zu den Themen: Klima und Energie, Afrika, Weltwirtschaft und Investition, Recht am geistigen Eigentum, Biodiversität sowie Rohstoffe |
| 12:30 – 13:45 | Mittagspause |
| 13:45 – 15:30 | Workshops Teil II |
| 16:00 – 17:40 | Plenum mit den G8-Sherpas |
| 17:40 – 17:50 | Zusammenfassung und Ausblick<br>Dr. Bernd Pfaffenbach<br>Michael Frein |

Quelle: Eigene Darstellung

*Workshops*

Am Vormittag des zweiten Tages begannen die Workshops. Mit der Anmeldung zum Civil-G8-Dialogforum hatte sich jeder Teilnehmer für einen Workshop eingetragen. Dafür standen sechs Themen zur Auswahl: Klima und Energie, Afrika, Weltwirtschaft und Investition, Biodiversität, Rohstoffe sowie das Recht am geistigen Eigentum.

Auch in den Workshops gab es ein Podium, das mit drei bis fünf Personen besetzt war und jeweils von einer Frau moderiert wurde. Auf jedem Podium saß immer ein Regierungsvertreter aus einem deutschen Bundesministerium.[27]

*Plenum mit den Sherpas*

Zu dem Plenum mit den Sherpas am zweiten Tag um 16 Uhr waren in der Mitte des Sitzungssaals Tische in einem Quadrat zusammengestellt. Diese Sitzgruppe stand in der Mitte des Raumes. Um diese war das Publikum mit schräg ansteigenden Sitzmöglichkeiten platziert. Am Tisch war jedes G8-Land durch einen Sherpa und mindestens einen Vertreter der Zivilgesellschaft präsent.

---

[27] Zu den Inhalten in den einzelnen Workshops siehe die Protokolle auf der Seite http://www.forum-ue.de/137.0.html .

Abbildung 5: Sitzordnung beim Plenum mit den Sherpas

Quelle: Eigene Darstellung in Anlehnung an Fotos und Protokolle (siehe Anhang)

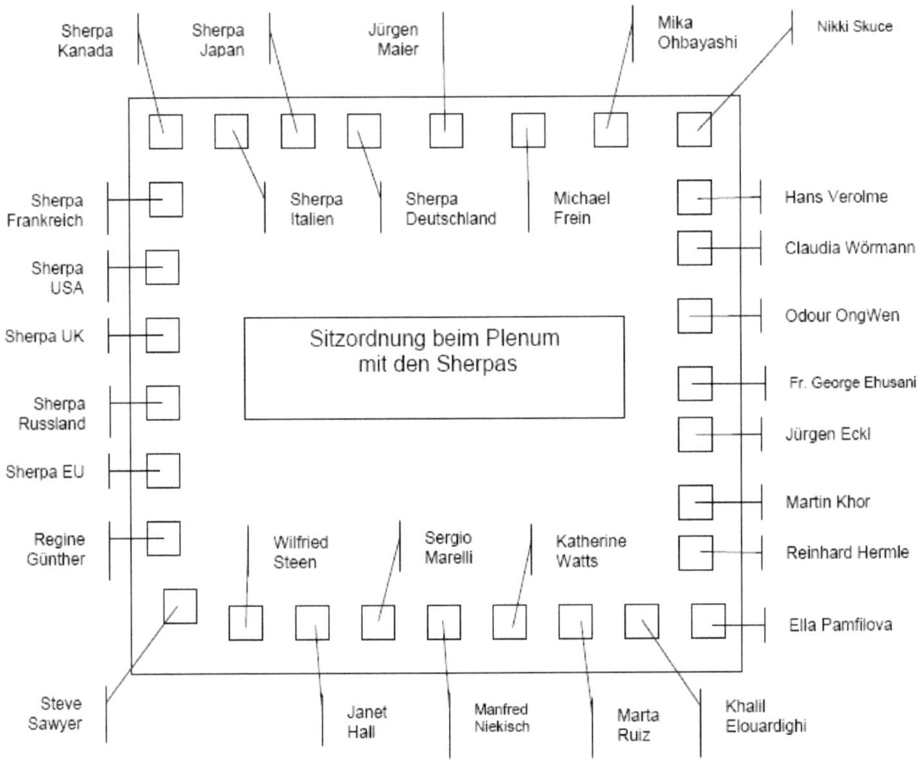


Im Bezug auf den Dialog zwischen den NGO-Vertretern und den Sherpas hat Bernd Pfaffenbach im Vorfeld verneint,

> „dass das Forum zur grenzenlosen Übereinstimmung der Positionen führen wird oder dass bestimmte Inhalte oder Positionen direkten Eingang in Gipfel-Erklärungen finden. Aber sicherlich werden die Sherpas die einen oder anderen Überlegungen mitnehmen und berücksichtigen. Außerdem entspricht es einfach nicht den Erfahrungen, dass ein solcher Dialog völlig wirkungslos an den Sherpas vorbeigeht. Ein vernünftiger und sachlicher Dialog führt bestimmt dazu, dass die Sichtweise der Sherpas verändert wird.“ (Pfaffenbach 2007)

In Anlehnung an das Protokoll habe ich die Diskussion mit den Sherpas auf den folgenden Seiten zusammengefasst:

Thematisch war die Diskussion in drei Abschnitte unterteilt: Weltwirtschaft, Klima und Energie sowie Afrika. Martin Khor aus Malaysia machte als Direktor des Third World Network zu Beginn die Forderungen deutlich, dass auch die WTO-Doha-Runde von den G8 thematisiert werden solle, dass den Entwicklungsländern ein größeres Gewicht im System von Weltbank und IWF verliehen werden solle und dass Hedge Fonds und Derivate Transparenz und Kontrolle benötigten. Auch Dr. Claudia Wörmann vom BDI drängte darauf, die WTO-Doha-Runde voran zu bringen. Zudem sprach sie sich dafür aus, Rechte am geistigen Eigentum - Urheberrechte auszubauen und umzusetzen. Dr. Jürgen Eckl vom Deutschen Gewerkschaftsbund forderte, dass sich die G8 mit der Frage nach Mindestlöhnen auseinander setzen sollten. Außerdem sollen Gewerkschaften seiner Meinung nach geschützt werden.

Auf diese Äußerungen der Zivilgesellschaft antwortete der deutsche Sherpa Dr. Bernd Pfaffenbach, dass die WTO in der Tat sehr wichtig sei, die G8 aber nicht die Verhandlungsergebnisse von Genf vorwegnehmen könnten. Er betonte außerdem, dass sie den Entwicklungsländern lieber etwas geben würden, anstatt ihnen etwas zu nehmen, besonders in der Landwirtschaft. Seiner Meinung nach seien Hedge Fonds nicht schlecht, jedoch machten sie ein Risiko aus.

Micheal Frein merkte an, dass eine Stärkung der Urheberrechte nach Meinung der NGOs die ökonomische Entwicklung in den armen Ländern behindern würde und zudem einen Zugang zu Medizin verteuern und erschweren würde. Er forderte deshalb, dass die G8 ihre Agenda zu Urheberrechten so verändern, dass ein Beitrag für die Entwicklung und die Menschenrechte geleistet werde.

George Ehusani von der nigerianischen Bischofskonferenz rief dazu auf, eine „global economic governance“ zu schaffen. Das Kapital dürfe nicht die Welt regieren, stattdessen müssten UN-Stellen und die großen reichen Länder Verantwortung übernehmen. Ein Mechanismus müsse installiert werden, um die Aktivitäten der Firmen zu kontrollieren. Manfred Niekisch

Der zuständige Mitarbeiter im Sherpa-Stab bezeichnete die Zusammenarbeit mit dem Forum Umwelt und Entwicklung mir gegenüber als ausgezeichnet und bescheinigte der NGO, die Vorbereitung gut zu managen. Auch Mona Bricke bezeichnete die Zusammenarbeit mit dem Sherpa-Stab bzw. der Bundesregierung als gut und angenehm. Ein Problem sei jedoch gewesen, dass bei jeder Entscheidung immer erst die interne Abstimmung sowohl auf Seiten der Bundesregierung als auch auf NGO-Seite stattfinden musste. Das sei sehr mühsam gewesen (vgl. Bricke 2007: 16).

Die Kosten für das Civil-G8-Dialogforum haben sich die Veranstalter geteilt: die Bundesregierung hat die Miete der Beethovenhalle, die Dolmetscher und das Catering bezahlt und die übrigen Kosten wurden vom Forum Umwelt und Entwicklung übernommen (Maier I 2008: 6). Dafür erhielt das NGO-Bündnis Spenden von dem Open Society Institute (OSI) (vgl. www.soros.org), der Heinrich-Böll-Stiftung und dem Human Rights Centre Russland.

## 3.4. Die NGO-Gemeinschaft

Mona Bricke war nicht nur G8-Projektbeauftragte für das Forum Umwelt und Entwicklung, sondern auch Koordinatorin der G8-NGO-Plattform. Diese Plattform wurde im Januar 2006 in Hannover gegründet und hat sich regelmäßig getroffen, um die NGO-Aktivitäten zum G8-Gipfel in Heiligendamm abzustimmen und zu organisieren. Laut Mona Bricke fanden die letzten Treffen dieser Plattform im Sommer 2007 statt, so dass die Plattform ab August faktisch nicht mehr existierte, offiziell aufgelöst habe sie sich allerdings nicht. Mona Bricke definierte ihre eigene Rolle und Aufgabe in der NGO-Gemeinschaft folgendermaßen:

> „Ich sehe es natürlich auch als wichtigen Teil meiner Aufgabe an, den Überblick zu bewahren, als Koordinatorin die verschiedenen Seiten zu sehen und darauf zu achten, wie die verschiedenen Interessen unter einen Hut gebracht werden können. Außerdem muss ich überlegen, wie die verschiedenen Interessen adäquat ausgedrückt werden können." (Bricke 2007: 9)

Die Mitglieder der G8-NGO-Plattform erarbeiteten und formulierten ein gemeinsames Positionspapier[30], das Stellungnahmen und Forderungen anlässlich des G8-Gipfels enthielt. Dieses sollte die Grundlage für die Diskussionen vor und bei dem Dialogforum sein.

> „Die Positionen sind ja natürlich unglaublich zerstreut, da ist es wichtig eine Grundlage zu haben. Man muss irgendwie einen Kristallisationspunkt haben, an dem man diskutiert. Das sind ja laufende Diskussionen. Es finden dauernd auf internationaler, nationaler und regionale Ebene Treffen zu den jeweiligen Einzelthemen statt. Nur ganz selten wird das zusammengeführt, wie jetzt zum G8-Treffen.
> Die große Aufgabe ist tatsächlich, zu sehen, was diese Einzelthemen gemeinsam haben und wo ihr Aufeinandertreffen dazu führt, dass es verschiedene Wege gibt, und man sich darüber streiten oder auseinandersetzten muss, welcher denn nun sinnvoll eingeschlagen werden kann." (Bricke 2007: 10)

Die Arbeit an dem Positionspapier sei nicht einfach gewesen, da laut Bricke auf dem „innerdeutschen Parkett" (Bricke 2008: 5) erst die jeweiligen „Stellungskriege" (ebd.) ausgefochten werden mussten. Die Verhandlungen kann man vielleicht am besten mit Koalitionsverhandlungen vergleichen, wo auch jede Partei Abstriche machen und sich auf Kompromisse einlassen muss. Vor allem die „links außen positionierten NGOs" (ebd.: 6) seien schließlich nicht so glücklich mit dem Papier gewesen. Aber Bricke betont, dass es auch eher der Sinn dieses Papiers gewesen sei, „etwas Zentristisches zustande zu bringen" (ebd.). Hier differiert das Selbstverständnis der NGOs. Die Bundeskoordination Internationalismus (BUKO), die auf ihrer Internetseite ihren Standpunkt kundtut, dass der „Lobbyismus als strategische Orientierung zu kurz greift", hat als eine Art Antwort auf das Positionspapier der NGOs ein eigenes Positionspapier veröffentlicht. Sie kritisiert darin das „einseitige konsens- und dialogorientierte Politikverständnis", das dem Positionspapier der NGOs zu Grunde liege. Daran kritisieren sie weiterhin die politische Perspektive und die inhaltliche Ausrichtung, denn die

---

[30] Dieses kann man wie die anderen Dokumente zum Civil-G8-Dialogforum auf www.forum-ue.de runterladen.

anderen NGOs würden mit ihrem Papier den Konsens aufkündigen, dass man die G8 delegitimieren müsse anstatt Forderungen an sie zu stellen.[31]

Das Positionspapier der NGOs mit dem Titel „Glaubwürdigkeit der Mächtigen auf dem Prüfstand: Konkret für Umwelt und Entwicklung handeln!" enthält Forderungen zu den folgenden Themen:

- Den Klimaschutz ernst nehmen – Die globale Energiewende vorantreiben
- Rohstoffe: Wir brauchen eine Effizienzrevolution
- Biodiversität: Leerstelle in der G8-Agenda
- Welthandel: Paradigmenwechsel bei der Investitionspolitik gefragt
- Geistiges Eigentum: Nutzung vor Profit
- G8, Afrika und die Entwicklung: Wachstum muss auch bei den Armen ankommen
- Entschuldung: Legitimität von Ansprüchen prüfen (vgl. Positionspapier der deutschen NGOs zum G8-Gipfel in Heiligendamm auf www.forum-ue.de)

Das Positionspapier wurde am 12. März 2007 in Bonn von 42 deutschen NGOs unterzeichnet. Zudem wurde das Papier übersetzt und als „Policy paper of international Non-Governmental Organisations for the G8 Summit in Heiligendamm" von 92 internationalen (inkl. der deutschen) NGOs unterschrieben. Zu diesen NGOs zählen zum Beispiel Attac Spanien, Environmental Education Foundation aus Uganda, East African Human Rights Institute aus Kenia, Friends of the Earth Frankreich oder das NGO Forum on Cambodia.

Jens Martens bezeichnete den Prozess, in dem das Positionspapier inhaltlich erarbeitet wurde, als partizipativ, da sich alle Gruppen zu den Themen beteiligen und gemeinsam einen Konsens finden konnten.

---

[31] Vgl. http://www.buko.info/publikationen/positionen/positionen2.html, http://www.buko.info/buko/erklaerungen/ngoreplik.html und die Pressereaktionen http://www.buko.info/buko/erklaerungen/ngo_replik/ngo_replik_presse.html , Friedrich 2007)

### 3.5. Kritik am Civil-G8-Dialogforum

Jürgen Maier bezeichnete die geringe Resonanz in der Presse als den größten Schwachpunkt des Dialogforums (Maier I 2008: 1). Auch Tobias Münchmeyer stellt fest, dass das Civil-G8-Dialogforum in den Medien „enttäuschend schwach vertreten" war. Darüber äußerte sich auch Mona Bricke und sagte,

> „dass mein größter Kritikpunkt auf jeden Fall unsere Pressearbeit ist. Wir haben uns, in dem was wir eigentlich zu bieten hatten, nicht klar genug ausgedrückt. Ich denke, dass hat damit zu tun, das damit (mit dem Civil-G8-Dialogforum Anm. d. A.) nicht sehr viel politisch zu erreichen war. Wie gesagt, es war etwas symbolisch zu erreichen. Aber um symbolisch etwas zu erreichen braucht es ein großes Presseecho, das es aber nicht wirklich gegeben hat." (Bricke 2008: 3)

Tatsächlich gab es drei Pressemitteilungen[32] zum Civil-G8-Dialogforum und es wurden drei Zeitungsartikel[33] über das Civil-G8-Dialogforum geschrieben. In den ARD Tagesthemen oder dem ZDF heute journal wurde das Civil-G8-Dialogforum nicht erwähnt.[34] Lediglich in der WDR-Reportage „Wer rettet die Welt?", die am 30. Mai 2007 ausgestrahlt wurde, wird das Civil-G8-Dialogforum kurz genannt und gezeigt.

---

[32] Venro Pressemitteilung 12/2007: NRO und G8-Sherpas diskutieren vor G8-Gipfel in Heiligendamm auf www.venro.org/presse/archiv/pm-12-2007.pdf ; Wahl, Peter: G8-Dialog: Bundeskanzlerin stößt Zivilgesellschaft vor den Kopf auf http://www.attac.de/aktuell/presse/presse_ausgabe.php?id=690 ; G8-Newsletter des Presse- und Informationsamt der Bundesregierung am 27.April 2007: G8-Sherpas stellen sich der zivilgesellschaftlichen Kritik http://www.g-8.de/Content/DE/Artikel/2007/04/2007-04-26-g8-zivilgesellschaft-sherpa.html.

[33] Jensen 2007: Stippvisite bei der Zivilgesellschaft in der taz vom 28.04.07 auf www.taz.de ; Schäfer 2007: Echter Dialog – oder nur eine Alibiveranstaltung? Kritische Beobachter des G-8-Gipfels trafen sich in Bonn mit Chefunterhändlern der Regierungen zum Meinungsaustausch, in der Neuen Osnabrücker Zeitung vom 28.04.07; Schäfer 2007: Dialog vor dem Gipfel der Großen. Nichtregierungsorganisationen diskutieren mit politischen Beamten, im Kirchenbote 18/2007 vom 6.05.2007.

[34] Statt dessen waren die Nachrichten an diesen Tagen, dass die Ermittlungen im Buback Mord wieder aufgenommen wurden, Jelzin beerdigt wurde, ein neuer Planet entdeckt wurde, dass es Streit in der Großen Koalition gab und dass eine Polizistin in Heilbronn ermordet wurde.

Neben dem geringen Presseecho gibt es für Jürgen Maier einen weiteren Kritikpunkt, der die Zusammenarbeit mit den G8-Staaten betrifft: Diese gewähren den NGOs keinen Einblick in die nichtöffentlichen G8-Dokumente.

> „Ich kritisiere zum Beispiel die Tatsache, dass wir die ganzen G8-Dokumente nur hintenrum bekommen. Dass wir immer darauf angewiesen sind, dass irgendwo eine undichte Stelle ist in irgendeiner dieser acht Regierungen. Dass wir die Papiere nur auf diesem Weg bekommen, ist ein Witz. Wir haben darum die Bundesregierung rechtzeitig gebeten, diese Dokumente öffentlich zugänglich zu machen. Das haben sie abgelehnt mit der Begründung, das sei nicht üblich und das könnte die Präsidentschaft auch nicht alleine entscheiden, das müssten alle zusammen beschließen und dann würde das ganze einen anderen Charakter bekommen und würde nicht mehr so informell sondern institutionalisierter und auch schwerfälliger sein. Für uns ist es aber ein Problem, über einen G8-Prozess zu reden, zu dem wir offiziell die Dokumente gar nicht kennen. Das war in der Praxis bisher nie so ein Problem, weil wir irgendwie immer die Dokumente zugespielt bekommen haben und dann halbwegs auf dem laufenden Stand waren. Das kann aber trotzdem so nicht bleiben.“ (Maier I 2008: 3)

Des Weiteren wurde Kritik geäußert über die variierende Teilnehmerzahl bei einzelnen Programmpunkten (siehe 3.1). Jürgen Maier bezeichnete dies als störend (vgl. Maier 2008: 6). Tobias Münchmeyer kritisiert darüber hinaus den begrenzten Dialogzeitraum mit den Sherpas (vgl. Münchmeyer 2008: 4).

Nicht alle NGOs bzw. Vertreter von NGOs fanden es gut und sinnvoll, dass man sich mit den Sherpas zu einem solchen Dialog getroffen hat, und kritisieren den Dialog eher grundsätzlich. So zum Beispiel Jens Martens vom Global Policy Forum Europe, er wendet ein,

> „dass die G8 kein adäquates und legitimes Forum ist, um globale Probleme zu erörtern oder zu lösen. (...) In diesem Kontext sind alle Veranstaltungen, die im Kontext der G8 stattfinden ähnlich problematisch. Dass heißt, wenn man böse wäre könnte man sagen, dieses Civil-G8-Dialogtreffen gibt der ganzen G8 den Anschein der Offenheit, Partizipation und Teilhabe und legitimiert damit ein Treffen, das nicht legitim ist. Gleichzeitig könnte man natürlich umgekehrt sagen, dass wenn es nun mal die G8 gibt, und wenn die G8 bereit ist, sich mit

> NGOs zu unterhalten, dass man diese Chance nicht vertun sollte und sie wahrnehmen sollte. In sofern bin ich nicht so ein fundamentaler Kritiker wie vielleicht andere, die gesagt haben wir boykottieren das." (Martens 2008: 2)

Außerdem kritisiert Martens das Civil-G8-Dialogforum, weil es nicht erfolgreich gewesen sei, da seiner Meinung nach nichts, „von dem was dort besprochen wurde und was NGOs dort bei dem Dialog eingebracht haben, in die Beschlüsse des G8 Gipfels eingegangen ist" (Martens 2008: 2).

## 3.6. Zwischenfazit

Die Ausführungen in Unterkapitel 3.3 und 3.4 haben gezeigt, dass die NGO-Gemeinschaft in Teilen zu kooperativen Aktionsformen im Hinblick auf den G8-Gipfel bereit ist. Dies ist ein Beleg, um die erste Hypothese an dieser Stelle zu verifizieren: Ich habe aufgezeigt, dass die NGO-Seite z.B. mit der Stelle von Mona Bricke und den entsprechenden Bündnisstrukturen über Ressourcen zur Kooperation verfügt. Dass dies mit einer der Gründe ist, weswegen die deutsche G8-Präsidentschaft bereit dazu war, in den Dialog mit den NGOs zu treten, soll unter 4.1 noch genauer ausgeführt werden.

In Kapitel 2.4 habe ich das Global Governance Konzept kurz vorgestellt. Dabei bin ich vor allem auf die eher politikberatenden Texte mit einer Handlungsempfehlung eingegangen. Wie ich gezeigt habe, wird empfohlen, den Dialog mit NGOs zu vertiefen. Es entspricht also der Logik von Global Governance, dem „Zusammenwirken von staatlichen und nichtstaatlichen Akteuren" (Messner/Nuscheler 1996: 3), dass eine G8-Präsidentschaft in den Dialog mit NGOs tritt.

Des Weiteren habe ich in Kapitel 2.3 dargelegt, dass sich die Beziehung zwischen den G7/G8 und NGOs gewandelt haben: Wo zunächst keine Beziehung bestand, entwickelte sich eine eher konfrontative Beziehung, indem einzelne NGOs Alternativgipfel und Demonstrationen organisierten. In den neunziger Jahren wurden NGOs im G8 Schlussdokument erwähnt und in Birmingham wurde der Outreach-Prozess gestartet, durch den es immer wieder zu Treffen einzelner NGO-Delegationen und G8-Vertretern kam. Ein

G8-Gipfel wird mittlerweile von vielfältigen Aktionen der Zivilgesellschaft begleitet.

Ich habe gezeigt, dass innerhalb der NGOs Bündnisstrukturen bestehen und dass sich ein Teil der NGOs auf einen gemeinsamen Standpunkt geeinigt hat, um mit den Sherpas darüber in den Dialog zu treten. Ein kurzer Blick auf das diesjährige Civil-G8-Dialogforum in Japan (vgl. Maier) zeigt aber auch, dass trotz gering ausgeprägter Bündnisstrukturen ein Civil-G8-Dialog möglich ist. Somit kann Hypothese 2 mit Einschränkungen bestätigt werden.

In meinen Ausführungen über das Civil-G8-Dialogforum im dritten Kapitel habe ich gezeigt, dass der Dialog ein öffentlicher und formeller ist.

Jürgen Maiers Kritik an der G8-Präsidentschaft, dass diese den NGOs die G8-Dokumente nicht offiziell zur Verfügung stellt, zeigt, dass diese Einbindungsform und dieses Zugangsrecht noch nicht existieren. Die Tatsache, dass im Sherpa-Stab ein Mitarbeiter für die Zusammenarbeit mit der Zivilgesellschaft zuständig ist, bedeutet, dass die NGOs eine Kontaktperson im Sherpa-Stab haben, was auch eine Einbindungsform darstellt. Andersherum haben auch die NGOs mit Mona Bricke dem Sherpa-Stab eine Kontaktperson zur Verfügung gestellt.

# 4. Was war das Civil-G8-Dialogforum?

Nachdem ich in Kapitel zwei verschiedene Einbindungs- und Aktionsformen vorgestellt habe, stellt sich nun die Frage, was das Civil-G8-Dialogforum war bzw. ist. Dazu will ich zunächst darlegen und analysieren, mit welcher Motivations- und Erwartungshaltung beide Seiten das Dialogforum angegangen sind. Was hat die NGOs und die deutsche G8-Präsidentschaft dazu bewegt, das Civil-G8-Dialogforum zu veranstalten? Welche Ziele waren für die jeweilige Seite damit verbunden?

In Unterkapitel 4.3 vergleiche ich das Dialogforum mit anderen Aktions- und Einbindungsformen während des G8-Gipfels 2007, um das Civil-G8-Dialogforum dann einordnen zu können.

## 4.1. „Wir wollen keine Alibiveranstaltung“ – Motivation der G8-Präsidentschaft

> „Wir haben kein Interesse an einer Veranstaltung, der man nachsagen würde, sie sei nur eine Alibiveranstaltung, um die Leute von der Straße weg zu holen, Proteste zu befrieden und Konflikte zu übermalen.“ (Pfaffenbach 2007)

Diese Äußerung machte der deutsche Sherpa Bernd Pfaffenbach einige Wochen vor dem Civil-G8-Dialogforum. Daraus wird deutlich, dass ihm der Dialog mit den NGOs wichtig ist oder dass er zumindest diesen Anschein erwecken will. Da er nicht will, dass man dem Civil-G8-Dialogforum nachsagt, es sei eine Alibiveranstaltung, ist ihm offensichtlich das Ansehen der deutschen G8-Präsidentschaft innerhalb der NGO-Gemeinschaft sehr wichtig. Außerdem wird anhand dieser Aussage ersichtlich, dass die deutsche G8-Präsidentschaft nicht mit einer Entweder-oder-Haltung an die NGOs herangetreten ist. Für Pfaffenbach schließt ein Dialog zwischen Sherpas und NGOs Demonstrationen und Protest von Seiten der Zivilgesellschaft nicht aus.

Welches Ziel die deutsche G8-Präsidentschaft mit dem Civil-G8-Dialogforum verbunden hat, wird in folgendem Zitat von Pfaffenbach deutlich:

> „Zunächst ist der Dialog selbst das Ziel. Zu zeigen, dass ein Dialog mit der Zivilgesellschaft möglich ist und diesen weiter im ganzen G8-Prozess zu etablieren, wäre sicher ein Erfolg." (Pfaffenbach 2007)

Mehrere Gründe können dazu geführt haben, dass die deutsche G8-Präsidentschaft überhaupt zu diesem Dialog mit den NGOs bereit war. Zum einen beziehen sich die Gründe auf die Entwicklung in den Beziehungen, nach der es jetzt ein logischer Schritt war, auch im Vorfeld des G8-Gipfels in den Dialog mit NGOs zu treten. Zum anderen lassen sich die Gründe auf ein verändertes Verhalten der NGOs zurückführen.

Wenn man die Empfehlung der Enquete-Kommission, NGOs einzubinden, betrachtet, dann erscheint es nur logisch, dass die deutsche Regierung dies getan hat. Außerdem entspricht dieses Handeln im Hinblick auf das Global Governance Konzept einer Pfadabhängigkeit. Seit zehn Jahren ist in der Beziehung zwischen den G8 und internationalen NGOs eine Annäherung festzustellen (siehe 2.3). Auch in der Logik dieser Entwicklung musste die deutsche G8-Präsidentschaft in irgendeiner Weise den Dialog mit den NGOs suchen, bzw. selbst anbieten. Ein Argument, das gegen die Logik dieser Entwicklung spricht, ist der Gipfel 2004 in Sea Island. Diesen würde ich aber als eine Ausnahme bezeichnen, die diese Entwicklung nicht grundsätzlich unterbrochen hat. Ganz speziell hat sich die Annäherung 2006 mit dem Gipfel in Russland verändert. In Form des Civil-G8 in Moskau wurde der Dialog zwischen G8 und NGOs konkret und hat zum ersten Mal zwischen allen Sherpas und NGO-Vertretern stattgefunden. Dies hat sicherlich einen Druck auf die deutsche Präsidentschaft ausgeübt. Hätten sie nicht auch in gleicher oder ähnlicher Form einen Dialog mit NGOs geführt, dann wären sie mit großer Wahrscheinlichkeit mit Vorwürfen konfrontiert worden (vgl. Maier 2008 I: 4). Schon beim Treffen 2006 in Russland sind NGO-Vertreter auf den deutschen Sherpa-Stab zugegangen und haben mehr oder weniger gefordert, dass ein solcher Dialog 2007 auch in Deutschland stattfindet. Im Gespräch mit einem Mitglied des Sherpastabs habe ich aber auch erfahren, dass es Bundeskanzlerin Angela Merkel von Anfang an ein großes Anliegen gewesen sei, den Dialog mit der Zivilgesellschaft in ähnlicher Form auszubauen und fortzusetzen. Es bestand also sowohl eine Bereitschaft innerhalb der deutschen Präsidentschaft, als auch ein Druck von den NGOs auf die Regierung. Die Bereitschaft, einen Dialog zu führen, war jedoch nicht einseitig.

> „Es gab sowohl erstmalig ein großes Interesse von Seiten der Bundesregierung so etwas zu machen als auch von Seiten der deutschen NGO-Szene etwas mit der Bundesregierung zu machen, was ja auch nicht selbstverständlich ist." (Bricke 2007: 15)

Bereitschaft und Offenheit mancher NGOs war somit ausschlaggebend für das Zustandekommen des Civil-G8-Dialogforums. Wären die NGOs nicht zu einem Dialog bereit gewesen, dann hätte die deutsche G8-Präsidentschaft sie sicherlich nicht dazu gezwungen. Eine Voraussetzung für die deutsche Präsidentschaft stellte das Vorhandensein eines Ansprechpartners auf NGO-Seite dar. Dies setzt Bündnisstrukturen unter den NGOs und Ressourcen zur Kooperation voraus. Diese Professionalisierung der NGOs habe aus Sicht der deutschen G8-Präsidentschaft, einen Dialog mit den NGOs erst ermöglicht.

Meine Interviewpartner von NGO-Seite haben ebenfalls Vermutungen angestellt, warum sich die deutsche G8-Präsidentschaft auf diesen Dialog mit den NGOs eingelassen habe. Im folgenden Abschnitt möchte ich darauf eingehen, was meine Interviewpartner zur Motivation der G8-Regierungen gesagt haben.

> „Wenn man mit den Teilen der Zivilgesellschaft redet, die einem einen Dialog anbieten, dann kann man dadurch ja nur gewinnen. Ich würde also sagen, dass sie (die G8-Regierungen) das nicht nur gezwungenermaßen getan haben sondern auch weil es ihnen dadurch gelingt, sich der Öffentlichkeit besser präsentieren zu können." (Bricke 2008)

Je nach dem, wie stark der öffentliche Druck auf die G8 ist, sind sie eher dazu bereit, sich auf einen Dialog einzulassen. Es sei denn, ihnen ist die öffentliche Meinung im Land völlig egal. Bei einer genaueren Untersuchung dieses Aspekts müsste man also auch innenpolitische Faktoren mit einbeziehen.

Jürgen Maier vermutet zur Motivation der deutschen G8-Präsidentschaft Folgendes:

> „Abgesehen vom Demokratieargument und von Putin haben sie [die deutsche Regierung] auch irgendwann erkannt, dass sich Kritiker, wenn man mit ihnen nicht redet, radikalisieren und drauf hauen. Wenn die Kritiker aber das Gefühl haben, sie können sich an dem Prozess beteiligen, dann fällt die Kritik auch differenzierter aus, dann gibt es für die Dinge, die man positiv macht vielleicht auch mal ein Lob. Und dementsprechend war unsere Kritik ja auch hinterher durchaus differenziert." (Maier 2008: 4)

## 4.2. Motivation der Nichtregierungsorganisationen

Mona Bricke betonte, dass es auch auf Seiten der NGOs eine Bereitschaft gegeben habe, mit den G8-Sherpas in einen Dialog zu treten. An dieser Stelle möchte ich analysieren, warum diese Bereitschaft bestand: Warum waren die NGOs bereit und offen für einen Dialog mit den G8-Sherpas und haben diesen eingefordert?

Aus den bisherigen Ausführungen lassen sich verschiedene Motivationsaspekte ableiten. In Kapitel 2.2 habe ich die verschiedenen Ressourcen der NGOs erläutert. Eine dieser Ressourcen ist der Zugang zu politischen Verhandlungsforen und Entscheidungsträgern. Wenn man als NGO diese Ressource in Bezug auf G8-Gipfel bisher noch nicht vorweisen konnte, dann ist man sicherlich sehr motiviert, über verschiedene Wege diese Ressource zu erlangen, um eine größere Möglichkeit der Einflussnahme zu erhalten. Gerade beim G8 Gipfel wiegt dieser Aspekt sehr stark, denn „da ist man näher an der Macht" (Bricke 2008: 5). Bei G8-Gipfeln sei der Machtfokus sehr viel stärker konzentriert als bei UN-Konferenzen, sagt Bricke. Tobias Münchmeyer begründete das Engagement von Greenpeace beim G8-Gipfel ähnlich:

> „Der Vorteil aus unserer Sicht ist, dass dort die de facto mächtigsten Regierungschefs der Welt sitzen. Wenn man es schaffen würde, sie von dem ein oder anderen Argument zu überzeugen, dann wäre der Effekt natürlich riesig und im Vergleich zu der mühsamen Lobbyarbeit in den verschiedenen Hauptstädten über Monate und Jahre viel größer." (Münchmeyer 2008: 5)

Es lässt sich daraus also folgern, dass die NGOs mit ihrer Interessenspolitik möglichst viel erreichen wollen und deshalb auch einen möglichst großen

Zugang zu den Entscheidungsträgern beabsichtigen. Mit den persönlichen Beauftragten der Staats- und Regierungschefs – den neun Sherpas – hatten sie beim Civil-G8-Dialogforum schon exklusive Gesprächspartner. Das könnte man nur dadurch übertreffen, dass sich alle Staatschefs mit den NGO-Vertretern treffen würden.

Ulrich Post von VENRO hat zur Einführung des Civil-G8-Dialogforums einen ähnlichen Grund für das NGO-Engagement beim G8-Gipfel genannt: „Der Gipfel ist für uns eine sehr gute Gelegenheit, öffentliche Aufmerksamkeit und Unterstützung für unsere Anliegen zu erreichen."

Wie jeder Mensch haben sicherlich auch die NGO-Vertreter das Bedürfnis, Ansehen und Annerkennung für ihre Arbeit zu erlangen: sie wollen als Gesprächspartner im politischen Prozess ernst genommen werden (vgl. Bricke 2008: 4; Bricke 2007: 7).

Außerdem verbanden die NGOs mit dem Civil-G8-Dialogforum die Hoffnung, den G8-Gipfel zu demokratisieren, wie es Michael Frein am Ende der Plenumsdiskussion sagte: „We as NGOs hope, we made at least a little contribution to open and democaratize the G8 process." Dies ist ein weiterer Motivationsgrund, denn in der Logik einer kooperativen Aktionsform kann man nicht nur fordern, dass der G8-Prozess demokratischer wird, sondern muss auch selbst dazu beitragen.

Auch folgendes Zitat verdeutlicht, dass die Versuche der Einflussnahme, die auf alle drei Ebenen (international, national und gesellschaftlich) gleichzeitig zielen am vielversprechendsten sind. Tobias Münchmeyer von Greenpeace vertritt die Auffassung, dass für NGOs eine Kombination aus verschiedenen Aktionsformen wichtig ist:

> „Ich glaube, dass unseren Argumenten niemand zuhören würde und uns niemand Termine geben würde, wenn wir nicht auch über Demonstrationen oder Publikationen öffentlich Druck machen würden. Andersherum würden wir viele Einflussmöglichkeiten verschenken, die wie auf der direkten politischen Ebene haben, wenn wir nur demonstrieren würden und nicht zum Dialog bereit wären." (Münchmeyer 2008)

Ressourcengewinn, Anerkennung als Gesprächspartner, Möglichkeit der stärkeren Einflussnahme und Beitrag zur Demokratisierung sind somit die

Motivationsgründe der NGOs, ein Civil-G8-Dialogforum mit den Sherpas zu veranstalten.

## 4.3. Vergleich zwischen verschiedenen Aktionsformen

Im Zusammenhang mit dem G8-Gipfel in Heiligendamm hat es die vielfältigsten Aktionen von NGOs bzw. von der Zivilgesellschaft gegeben. An diesem Punkt möchte ich die wichtigsten und größten kurz vorstellen. Dazu zählen das Dialogforum, das bereits oben ausführlich dargestellt wurde, das Lobbygespräch mit der deutschen Bundeskanzlerin, der Alternativgipfel, der parallel zum G8-Gipfel in Rostock stattgefunden hat, die Demonstrationen, Blockaden und der medienwirksame Versuch von Greenpeace, nach Heiligendamm zu gelangen und den Staats- und Regierungschefs eine Petition zu überreichen.[35] Bei diesem Vergleich beziehe ich mich vor allem auf die Berichterstattung in den Print- und Onlinemedien.[36]

*Alternativgipfel*

Zum Alternativgipfel vom 5. bis 7. Juni in Rostock hatten zahlreiche Organisationen und Veranstalter eingeladen[37]. Insgesamt haben rund 2000 Personen an dem Alternativgipfel teilgenommen. Viele der 130 Veranstaltungen fanden in Kirchenräumen statt. Auf den insgesamt zehn Podiumsdiskussionen sprachen zum Beispiel Jean Ziegler, der UN-Sonderberichterstatter für das Recht auf Nahrung (vgl. www.spiegel.de),

---

[35] Sowie der J8-Gipfel und einige kirchliche Veranstaltungen, die ich hier jedoch ausklammere.

[36] Leider konnte ich aufgrund der knappen Zeit die Publikation von Dieter Rucht und Simon Teune: „Nur Clowns und Chaoten?: Die G8-Proteste in Heiligendamm im Spiegel der Massenmedien" nicht mehr in meine Analyse einbeziehen. Für ausführlichere Informationen empfehle ich allerdings die Lektüre dieses Buches, das im Juni 2008 erschienen ist.

[37] Als Initiatoren sind auf der Einladung 39 nationale und internationale Organisationen aufgeführt. Darunter zum Beispiel Attac, BDKJ, BUND, DNR, EED, Oxfam, Greenpeace, Forum Umwelt und Entwicklung, VENRO, Urgewald, WEED oder FOE Europe. Zudem werden auf der Einladung auch zahlreiche Unterstützer genannt (vgl. http://www.g8-alternative-summit.org/de/pages/start/der-aufruf.php).

Walden Bello, Elmar Altvater oder die Trägerin des Alternativen Nobelpreises Vandana Shiva aus Indien (vgl. g8-alternative-summit.org).

Der Alternativgipfel wurde zum Beispiel von Attac auch als „Gegengipfel" (vgl. www.attac.de) bezeichnet. Dieser Name sowie folgendes Zitat von Mona Bricke machen deutlich, dass der Alternativgipfel eine konfrontative Aktionsform ist.

> „Der Alternativgipfel beschäftigt sich hauptsächlich mit den Alternativen, wie der Name schon sagt. Er beschäftigt sich mit der G8-Agenda und mit dem Ziel der Abgrenzung und des klaren Gegensatzes. Wir wollen zeigen: hier ist das, was wir dagegen zu sagen haben, wir haben andere Vorstellungen, wie in diesen Fragen verfahren werden sollte. Ein ganz klarer Unterschied zum Dialogforum ist, dass der Alternativgipfel sich nicht den Dialog mit der Regierung zum Ziel gesetzt hat." (Bricke 2007: 18)

Der Alternativgipfel ist also deshalb eine konfrontative Aktionsform der NGOs, weil es bei diesem Treffen darum ging „Maximalforderungen wieder stärker als Alternative zu profilieren" (Take 2002: 44). Wie aus dem Zitat von Mona Bricke ersichtlich wird, war das Ziel des Alternativgipfels, sich von den G8-Staaten abzugrenzen und nicht mit ihnen in Form eines Dialogs oder Lobbying eine Kosenslösung zu finden. Nikolai Fichtner bezeichnete den Alternativgipfel in der taz als intellektuellen Protest, da in vielen Workshops Fachsprache verwendet worden sei (vgl. www.taz.de). Dementsprechend war es sicherlich auch ein wichtiges Ziel, sich inhaltlich auszutauschen und der politischen Problembearbeitung neue Impulse zu geben (vgl. Take 2002: 44).

Im zweiten Schritt kann der Alternativgipfel als konventionelle Aktionsform eingeordnet werden. Bei dieser Einordnung folge ich zum einen dem Ausschlussverfahren, da der Alternativgipfel keine Blockade, Besetzung, Demonstration oder Petition ist. Der Alternativgipfel vereint zum anderen mehrere konventionelle Aktionsformen: Mit dem Alternativgipfel wurde Öffentlichkeitsarbeit geleistet, da die interessierte Öffentlichkeit und die Medien einen Einblick in die Lösungskonzepte der verschiedenen NGOs erhalten konnten. Außerdem war es ein Treffen mit Projektcharakter, denn es war zeitlich begrenzt und in den Workshops konnten sich die Teilnehmer weiterbilden sowie Informationen und Erfahrungen austauschen.

*Demonstrationen*

Als konfrontative und unkonventionelle Aktionsformen können die zahlreichen Demonstrationen bezeichnet werden, die vor und während des G8-Gipfels stattfanden. Den Auftakt machte die internationale Großdemonstration am Samstag 2. Juni 2007 in Rostock. Mehrere Zehntausend Menschen[38] demonstrierten unter dem Motto „Gegenwind für G8 – Eine andere Welt ist möglich". Kurz vor der Abschlusskundgebung kam es zu Ausschreitungen zwischen einigen Demonstranten und der Polizei. Dabei wurden 430 Beamte und 520 Demonstranten verletzt.

Auf die Großdemo folgten drei verschiedene Aktionstage: Zu den Themen Landwirtschaft, Migration und Militarismus wurde auf jedem Aktionstag in Rostock demonstriert (vgl. www.zdf.de und www.attac.de). Der Sternmarsch, eine für den Freitag geplante Demonstration zum Schutzzaun, wurde vom Bundesverfassungsgericht verboten und abgesagt (vgl. www.taz.de).

Besonders spektakulär und medienwirksam waren zwei Aktionen von Greenpeace: Am ersten Gipfeltag drangen mehrere Greenpeace-Schlauchboote in die Sperrzone vor der Küste von Heiligendamm ein, mit dem Ziel den Staats- und Regierungschefs eine Petition zum Klimaschutz zu überreichen. Sie wurden jedoch von Booten der Polizei und Küstenwache gerammt, überfahren und letztlich gestoppt. Einen Tag später waren Greenpeace-Aktivisten mit einem Heißluftballon in Rostock gestartet. Am Ballon hatten sie ein weißes Banner mit der Aufschrift „G8 – act now! Failed" angebracht. Nach zehn Minuten Fahrt wurde der Ballon durch einen Polizeihubschrauber zur Landung gezwungen. Besonders über die Schlauchboot-Aktion wurde in den Medien ausführlich berichtet (vgl. www.faz.net, www.zdf.de, www.spiegel.de).

---

[38] Die Angaben über die Teilnehmerzahl gehen auseinander: die Polizei sprach von 30.000 und Attac von 80.000 Menschen (vgl. http://www1.ndr.de/nachrichten/g8/demonstration16.html).

*Konzerte*

Rund 70.000 Menschen besuchten das Konzert „Deine Stimme gegen Armut“ am 7. Juni in Rostock. Bekannte Musiker wie Herbert Grönemeyer, Bono, Bob Geldof, die Toten Hosen, Sportfreunde Stiller, Seed und andere sangen hier für die Einhaltung der Millenniums-Ziele und die Zusagen des Gleneagles-Gifpels. Zwischen den Auftritten der Musiker wurden Kurzfilme aus den sogenannten „P8-Ländern“ (Poor Eight) gezeigt. Außerdem sprachen Personen wie Friedensnobelpreisträger Mohammed Yunus oder Frauenrechtlerin Vandana Shiva zum Publikum. Das Protestkonzert dauerte sechs Stunden und der Konzertbesuch war mit einem Eintrittspreis von 2,50 Euro quasi kostenlos. Deine Stimme gegen Armut ist eine Aktion von VENRO und Herbert Grönemeyer und ist Teil der Kampagne „Global Call to Action against Poverty“. (vgl. www.spiegel.de, www.zeit.de, www.deine-stimme-gegen-armut.de).

Diese Aktion sollte Druck erzeugen und die Öffentlichkeit mobilisieren. Deshalb kann auch diese Aktion als konfrontativ eingeordnet werden. Es ist eine Mischung aus konventioneller und unkonventioneller Aktionsform, denn ein solches Konzert taucht in den Kategorien von Ingo Take noch nicht auf. Da es sich bei dem Konzert aber sowohl um Öffentlichkeitsarbeit als auch um eine Demonstration und Unterschriftenaktion / Petition handelt, ist es sowohl konventionell wie unkonventionell.

*Blockaden*

Als eindeutig konfrontativ und unkonventionell können die Blockaden während des G8-Gipfels eingestuft werden. Über mehrere Tage haben tausende Menschen die Zufahrtsstraßen nach Heiligendamm blockiert. „Heiligendamm war über Stunden landseitig eingeschlossen“ (http://www.g8-2007.net/), heißt es in einer Publikation von Block G8. Auch die Schienen, der vorgesehene Weg für die Journalisten, waren zeitweilig blockiert. Tausende Aktivisten hätten 48 Stunden und länger auf staubigen Asphaltstraßen ausgeharrt, schreibt Felix Lee in der taz: „Damit konnte die Bewegung den Gipfel zwar nicht verhindern – sie hat ihn aber zumindest zeitweilig gestört und ihren Protest nah an die Staatschefs herangetragen.“

(Lee, Felix in: taz, 9. Juni 2007). Die Demonstranten seien außerdem bis zum Sicherheitszaun vorgedrungen und hätten dort auf den Straßen im Sperrgebiet übernachtet (vgl. www.spiegel.de).

Die Blockaden wurden von der Kampagne Block G8 organisiert. Bereits im Sommer 2006 hatten sich unter diesem Namen verschiedene Gruppen und Einzelpersonen zusammengeschlossen und sich auf gemeinsame Prinzipien beim Protest gegen den G8-Gipfel geeinigt. Über die Blockaden hat es sehr widersprüchliche Berichterstattungen gegeben. Die Pressemitteilungen der Polizei, wonach bei den Blockaden Steine geflogen sein sollen und die Gewaltbereitschaft äußerst hoch sei, konnte von anwesenden Journalisten nicht bestätigt werden (vgl. Schulz, Daniel: Lügt Kavala? auf www.taz.de und Rucht 2008).

Sitzblockaden bezeichnet Take eindeutig als unkonventionelle Aktionsform. Da diese Aktionsform darauf abzielt, die G8 zu kritisieren und sie zu deligitimieren, kann sie auch als konfrontativ bezeichnet werden.

*Lobby-Gespräch mit der Kanzlerin*

Genau wie der russische Präsident hat sich auch die deutsche Kanzlerin Angela Merkel mit den NGOs getroffen. Jedoch war das Treffen, das vor dem Gipfel im Mai stattgefunden hat, nicht öffentlich. „Das war aber auch in unserem Sinne, weil wir das Treffen weniger als Showevent, sondern als Lobbygelegenheit gesehen haben", erklärte Jürgen Maier. Zusätzlich hat es dann auf Initiative von Merkel ein Auswertungstreffen im Januar 2008 gegeben. Dies bezeichnete Jürgen Maier als „interessante Geste". Ein solches Lobbygespräch ist eine kooperative und konventionelle Aktionsform.

## 4.4. Einordnung des Civil-G8-Dialogforums

Im Gegensatz zu den oben beschriebenen Aktionsformen, wie den Blockaden, den Demonstrationen oder dem Alternativgipfel, handelt es sich beim Civil-G8-Dialogforum um eine kooperative Aktionsform. Wie ich in Kapitel 3.3 mit Bezug auf Ingo Take geschrieben habe, wählt der Veranstalter, das Forum Umwelt und Entwicklung eher konventionelle Aktionsformen und verhält sich tendenziell kooperativ (vgl. Take 2002: 185). Jürgen Maier als Geschäftsführer des Forum Umwelt und Entwicklung grenzt die verschiedenen Aktionsformen folgendermaßen voneinander ab:

> „Der Alternativgipfel als Manifestation der Opposition, das Dialogforum als Veranstaltung, wo wir gesagt haben, wir sind nicht nur gegen etwas, sondern sind auch für etwas und darüber treten wir in den Dialog mit den Vertretern. Und die Demonstrationen natürlich als der Ort, wo diejenigen, die nicht Verbandsfunktionäre sind sich einbringen können." (Maier 2008 I: 5-6)

Auch Tobias Münchmeyer stellt das Civil-G8-Dialogforum den anderen Aktionsformen gegenüber und grenzt sie voneinander ab:

> „Von daher war es sicherlich nützlich neben, den vielen Aktivitäten, die wir in Heiligendamm durchgeführt haben, den Dialog in Bonn zu führen. Die Aktionen in Heiligendamm, wie zum Beispiel der Versuch eine Petition zu übergeben waren das eine Standbein und das andere Standbein war die politische Arbeit und dazu gehörte das Civil-G8-Dialogforum in Bonn." (Münchmeyer 2008)

Diese Zitate zeigen, dass auch die Beteiligten selbst das Civil-G8-Dialogforum als kooperative Aktionsform einstufen. Das Civil-G8-Dialogforum lässt sich außerdem als konventionelle Aktionsform bezeichnen, denn es beinhaltet sowohl einen Informationsinput in den politischen Verhandlungsprozess des G8 Gipfels, Lobbytätigkeit sowie eine Beratung der politischen Entscheidungsträger, den Sherpas und Ministerialbeamten. All diese Formen werden von Take zur Kategorie „konventionelle Aktionsform" gezählt.

Des Weiteren handelt es sich beim Civil-G8-Dialogforum um eine formelle Einbindungsform, da der Dialog öffentlich und offiziell geplant stattgefunden hat. Es ist zudem ein Lobbygespräch mit Vertretern der Entscheidungsträger, und zwar den Sherpas im Beratungsverfahren.

Mit dieser Einordnung lässt sich die von mir aufgestellte vierte Hypothese verifizieren: Das Civil-G8-Dialogforum ist eine kooperative, konventionelle Aktionsform und eine formelle Einbindungsform. Eine Interaktionskette ist dadurch jedoch nur zum Teil entstanden: Da die NGOs, die sich am Civil-G8-Dialogforum beteiligt haben, nicht automatisch an den Blockaden oder anderen konfrontativen Aktionsformen teilgenommen haben, kann man möglicherweise nur von einer Interaktionskette der Zivilgesellschaft allgemein, aber nicht von einer Interaktionskette einer einzelnen NGO sprechen.

Das Civil-G8-Dialogforum kann man außerdem als Arbeitstreffen von internationalen NGOs bezeichnen. Denn sowohl im Vorfeld bei der Erarbeitung des Positionspapiers, als auch in den Workshops haben sich die NGOs untereinander ausgetauscht und auf einen gemeinsamen Standpunkt geeinigt. Dies zeigt, dass Bündnisstrukturen unter den NGOs nicht nur eine Voraussetzung für das Zustandekommen eines Civil-G8-Dialogforums sind, sondern, dass das Civil-G8-Dialogforum auch neue Chancen zur Kooperation und Bildung von Bündnissen innerhalb der NGO-Gemeinschaft darstellt.

Um schließlich die Frage zu beantworten, was das Civil-G8-Dialogforum ist und welche übergeordnete Bezeichnung man dafür verwenden kann, möchte ich eine Formulierung aus dem Bericht der Enquete-Kommission wählen (vgl. 2.4): Darin wird empfohlen, den Dialog mit der Zivilgesellschaft und interessierten Akteursgruppen in heterogenen Politiknetzwerken zu vertiefen. Das Civil-G8-Dialogforum ist heterogen, da sich unterschiedliche Akteursgruppen zusammen getroffen haben (vgl. 3.1) und auch der Begriff Netzwerk trifft auf dieses Treffen zu: Ein *Netzwerk* wird im Politiklexikon definiert als Beziehung zwischen Personen oder Organisationen:

> „Personen oder Organisationen unterhalten oder suchen Beziehungen zu anderen Personen oder Organisationen mit dem Ziel der Kooperation, Unterstützung, des Informationsaustausches etc. N. bezeichnen daher ein Geflecht (sozialer, ökonomischer, politischer) Beziehungen, das auf Dauerhaftigkeit, Freiwilligkeit und Gegenseitigkeit beruht." (Schubert/Klein 2006: 206)

Dass die Teilnehmer des Civil-G8-Dialogforums miteinander gesprochen haben und eine Beziehung aufgebaut haben, ist nach den Ausführungen im dritten Kapitel deutlich geworden. Das Geflecht der Beziehungen ist zwar relativ locker, da es nicht immer dieselben Personen sind, die sich in diesem Rahmen treffen, aber von der Struktur her sind es immer die Vertreter der gleichen Akteursgruppen. Wie dauerhaft diese Beziehung ist, wird sich wohl erst in den nächsten Jahren zeigen, bisher hat das Civil-G8 Dialogoforum jedoch schon dreimal (Russland, Deutschland und Japan) stattgefunden.

Somit lässt sich an dieser Stelle sagen, dass das Civil-G8-Dialogforum als kooperative und konventionelle Aktionsform der NGOs und formelle Einbindungsform im Vorfeld eines G8-Gipfels ein heterogenes Politiknetzwerk ist.

Die Unterkapitel 4.3 und 4.4 zusammenfassend lässt sich folgende Tabelle erstellen:

Abbildung 6: Vierfeldertafel Aktionsformen

| **Aktionsform** | konventionell | unkonventionell |
|---|---|---|
| konfrontativ | Alternativgipfel<br>Konzerte | Demonstrationen<br>Greenpeace-Aktion<br>Konzerte<br>Blockaden |
| kooperativ | Lobby-Gespräch mit der Kanzlerin<br>Civil-G8-Dialogforum | |

Quelle: Eigene Darstellung

# 5. Schluss

> „Ja, durch das Bonner Civil-G8-Dialogforum ist eine neue Aktionsform im Bezug auf G8 hinzugekommen." (Münchmeyer 2008)

Dieses Zitat von Tobias Münchmeyer sowie meine Ausführungen unter 2.3 und 3. machen deutlich, dass ein Civil-G8-Dialogforum tatsächlich eine neue Aktions- und Einbindungsform der NGOs im G8-Gipfel-Prozess ist. Das Neue daran ist, dass NGOs und die G8-Präsidentschaft gemeinsam als Veranstalter auftreten, dass alle neun Sherpas gemeinsam und gleichzeitig zum Dialog kommen und dass dieser Dialog nicht hinter verschlossenen Türen, sondern formell, geplant, öffentlich und transparent stattfindet. Darauf weist auch Mona Bricke hin:

> „Ich denke der Unterschied ist die Sichtbarkeit. Natürlich hat es immer Gespräche zwischen Nichtregierungsorganisationen und G8-Vertretungen gegeben, aber das waren dann meistens immer welche, die nicht im Lichte der Öffentlichkeit stattfanden. Wichtig ist, dass die Nichtregierungsorganisationen damit angekommen sind. Dass ihnen die Wichtigkeit zugebilligt wird als Dialogpartner, um die man nicht mehr herum kommt und sich mit ihnen an einen Tisch setzen muss. Das ist ja so ein gewisser Druckpunkt, den NGOs da erreicht haben, den sie vorher nicht hatten. Bisher saßen sie immer am Katzentisch." (Bricke 2008: 4)

Jürgen Maier bezeichnet den Dialog mit den Sherpas im Rahmen des G8-Gipfels zwar auch als neu, sagt einschränkend aber, dass der Unterschied zu anderen „Round-Table-Diskussionen" bei Weltkonferenzen nicht so groß sei (vgl. Maier 2008 I: 2). Jens Martens ist hingegen völlig anderer Meinung und hält das Civil-G8-Dialogforum nicht für neu:

> „Die Beteiligungsmöglichkeiten für Zivilgesellschaft bei Weltkonferenzen sind wesentlich breiter und wesentlich größer. Insofern ist das, was jetzt bei der G8 passiert ist, überhaupt nichts Neues, sondern ist etwas, was im UN-Kontext schon seit Jahren wesentlich weitgehender und umfassender passiert. (...) Das ist also überhaupt nichts Neues. Die G8 hat unter der Kritik und dem Druck, dass sie so geschlossen ist, angesichts des Vorbilds von anderen Verhandlungs- und Diskussionszusammenhängen einfach reagiert und jetzt das ge-

> macht, was auf anderen Ebenen schon längst der Fall ist.“ (Martens 2008: 3-4)

Auch mit diesen Einschränkungen von Jens Martens und Jürgen Maier kann ich am Schluss sagen, dass das Civil-G8-Dialogforum eine neue Aktions- und Einbindungsform im Rahmen von G8-Gipfeln ist. Die Fragestellung dieser Arbeit lässt sich also zunächst bejahen.

Darüber hinaus werde ich im Folgenden noch beantworten, inwiefern diese Aktions- und Einbindungsform bedeutend und erfolgreich ist. Denn auch wenn ich zunächst die Eigenschaft neu von einflussreich getrennt und den Erfolg der NGOs in meiner Arbeit bisher ausgeklammert habe, stellt sich irgendwann die Frage danach, was das Civil-G8-Dialogforum eigentlich erreicht hat. NGOs sind Organisationen, die Einfluss auf staatliche Politik ausüben wollen. Haben sie das mit dem Dialogforum geschafft? Tobias Münchmeyer hält den Zeitpunkt zu verfrüht, um das abschließend beurteilen zu können:

> „Ob wir dabei erfolgreich waren, kann ich noch nicht sagen. Das ist vielleicht auch noch zu früh. Denn woran misst sich Erfolg? Ich würde es daran messen, dass ein G8-Communiqué zumindest in ein paar Neben- oder Hauptsätzen verändert wurde, weil die G8-Sherpas verstanden haben, dass der öffentliche Widerstand zu groß ist oder dass die NGOs Recht haben. Die Messlatte wäre, dass reale Handlungen und Beschlüsse der G8 sich durch die Diskussion mit den NGOs verändert haben. Ob das geschehen ist, kann ich nicht beurteilen. Ich kann es zumindest nicht belegen. Ich hatte in den letzten Jahren die Chance, verschiedene Entwürfe des G8-Abschlussdokuments zu sehen. Und ich kann nicht sagen, ob wir da Erfolg hatten.“ (Münchmeyer 2008)

Auch ich kann die Frage an dieser Stelle nicht beantworten. Dies würde meiner Meinung nach eine neue Analyse mit Blick auf die inhaltlichen Forderungen und Ergebnisse erfordern. Abgesehen davon gibt es noch andere Aspekte, anhand derer man beurteilen kann, ob das Civil-G8-Dialogforum erfolgreich war oder nicht.

Wenn man die Erwartungen und das Ziel der Akteure, miteinander einen Dialog zu führen, betrachtet, dann kann man das Civil-G8-Dialogforum als gelungen bezeichnen. Das gemeinsame Ziel, einen Dialog zu führen, konnten sie relativ leicht erreichen. Demnach sind beide Seiten kein hohes Risiko und keine hohen Kosten eingegangen. Welche Qualität der Dialog hatte, ist eine neue Frage. Die Zusammenfassung der Diskussion mit den Sherpas (siehe 3.2) hat gezeigt, dass der Dialog nur relativ oberflächlich war.

Mona Bricke ist im Nachhinein vom Grundkonzept Civil-G8-Dialog nicht mehr überzeugt. Zum einen glaubt sie, dass die Gipfeldokumente zu dem Zeitpunkt im April schon relativ fest standen. Zum anderen ist sie der Meinung, dass sich die deutschen NGOs in einer tief greifenden Krise befinden, da ihnen der Kontakt zu einer Basis von Aktiven fehle. Gemeinsam mit Alexis Passadakis hat Mona Bricke sieben Monate nach dem Bonner Dialogforum einen Artikel in der *taz* mit dem Titel „Die lästige Basis" veröffentlicht. Darin stellt sie fest, dass sich unter den Demonstranten beim G8-Gipfel kaum NGO-Vertreter fanden. Ähnlich habe ich es bereits im Zwischenfazit angedeutet. Das Civil-G8-Dialogforum ist im Gegensatz zu den Demonstrationen weitgehend unbeachtet von der Öffentlichkeit vonstatten gegangen. Die Gruppen, die sich an den Blockaden beteiligt hätten, seien also nicht deckungsgleich mit denen, die am Civil-G8-Dialogforum teilgenommen haben. Bricke und Passadakis sehen darin einen Zusammenhang und einen wichtigen Ansatzpunkt zur Beurteilung des Civil-G8-Dialogforums:

> „Keine Frage: Die Vermittlung von alternativer Expertise in die politischen Institutionen ist wichtig. Aber diese Arbeit ist nur gesellschaftlich wirksam, sofern NGOs imstande sind, ein politisches Kraftfeld aufzubauen. Ohne eine breite Basis von Aktiven ist dies jedoch kaum denkbar." (www.taz.de)

Meiner Vermutung nach hat sich eine NGO-Elite herausgebildet, die jetzt auch bei G8-Gipfeln relativ nah zu den politischen Entscheidungsträgern vorgedrungen ist und dort für ihre Forderungen und Positionen Lobbying betreibt. Zu den anderen Aktionsformen der Zivilgesellschaft, bei denen Massen aktiv waren, wie z.B. den Blockaden, besteht jedoch eine Distanz. Damit waren die NGOs durch das Civil-G8-Dialogforum in ihrer Außen- und Öffentlichkeitswirkung auf gesellschaftlicher Ebene nicht erfolgreich. Laut Take sind jedoch die Aktionen am vielversprechendsten, die sowohl auf die internationale, nationalstaatliche und gesellschaftliche Ebene zielen. Das wurde meiner Meinung nach mit dem Civil-G8-Dialogforum in Deutschland verfehlt. Ich bin jedoch der Meinung, dass dies nicht an der Aktion selbst, sondern an der Kommunikation liegt.

In diesem Sinne kann ich meine vierte Hypothese nur zur Hälfte bestätigen. Verifiziert habe ich, dass sich die Beziehungen zwischen G8 und NGOs verändert haben und diese durch die Civil-G8 Veranstaltungen auch als öffentlich und formalisiert bezeichnet werden können. Auch habe ich bestätigt, dass es dadurch beim G8-Gipfel jetzt eine kooperative, konventionelle Aktionsform und eine Einbindungsform gibt. Allerdings kann ich nicht bestätigen, dass dadurch bei G8-Gipfeln eine Interaktionskette entstanden ist. Die meisten NGOs waren zwar auch bei dem (konfrontativen) Alternativgipfel vertreten, aber ob dadurch schon eine Interaktionskette entstanden ist, kann ich nicht voll und ganz bestätigen.

Mona Bricke ist der Meinung, dass die politische Tragweite des Civil-G8-Treffens eher symbolisch war. Ein Händeschlag und ein Gespräch am Runden Tisch – das sind deutliche Symbole für einen Dialog. Deshalb möchte ich mich der Meinung anschließen, dass es sich vor allem um Symbolpolitik handelt. Ich glaube allerdings auch, dass es gerade auf Symbolpolitik ankommt, denn die Forderungen und Standpunkte der NGOs sind nichts Neues für die Regierungsvertreter. Die Forderungen können sie oder ihre Mitarbeiter auch im Internet oder anderen Publikationen nachlesen. Es ist für die deutschen Regierungsvertreter bzw. Sherpas eher etwas Neues, denjenigen ins Gesicht zu blicken, die diese Forderungen stellen.

Positiv am Civil-G8-Dialogforum ist Folgendes: Meiner Beurteilung nach hat das Civil-G8-Dialogforum dazu geführt, dass die NGOs auch im Rahmen des G8-Gipfels als ernsthafte Lobbyisten angesehen werden. Ob eine kooperative und konventionelle Aktionsform bei G8-Gifpeln auch weiterhin in der Form eines Civil-G8-Dialogforums fortgeführt wird, ist dadurch allerdings nicht gesagt. Jetzt wo die NGOs als Gesprächspartner anerkannt sind, befinden sie sich in der Position, weitere Forderungen zu stellen oder wieder eher zu konfrontativen Aktionsformen zu greifen. Auf politischer Ebene hat es sie zunächst gestärkt. Aber wie lange hält diese Stärkung? Müssen auch die NGOs vielleicht bald wieder mehr zu konfrontativen Aktionsformen greifen, um auch auf gesellschaftlicher Ebene attraktiver zu werden bzw. um wieder öffentlichen Druck aufzubauen? Ich denke nicht. Allerdings bin ich der Meinung, dass die professionellen NGO-Vertreter den Kontakt zur Basis – also zur Gesellschaft nicht verlieren dürfen. Konfrontative Aktionsformen sind dafür aber meiner Meinung nach nicht der einzige oder gar der Nonplusultra-Lösungsweg.

Die Frage, ob es auch in Zukunft bei G8-Gipfeln ein Civil-G8-Dialogforum geben wird, ist noch unbeantwortet.[39] Vieles deutet daraufhin, dass es auch in den nächsten Jahren ein Civil-G8-Dialogforum geben wird. Auch in 2008 hat in Japan ein solches Treffen zwischen NGO-Vertretern und den Sherpas stattgefunden. Und ein ähnlicher Druck wie er auf der deutschen Präsidentschaft lastete wird sicherlich auch die nächsten Präsidentschaften beeinflussen. Da die G8-Gipfel eine informelle Struktur haben, kann es keine vertraglich festgeschriebene Einbindung der NGOs geben. Außerdem wird aufgrund der wechselnden Präsidentschaft und der wechselnden NGO-Veranstalter das jeweilige Civil-G8-Dialogforum immer etwas anders gestaltet sein.

Ich bin sicher, dass sich die NGOs auch in den kommenden Jahren in dieser Form mit den Sherpas treffen werden, denn das Civil-G8-Dialogforum stellt einen Ressourcengewinn für NGOs und für die G8 dar: Die NGOs haben den Zugang zu politischen Entscheidungsträgern und die G8 haben die Ressource Demokratie/Legitimität/Effektivität gewonnen. Ich vermute, dass keiner von beiden die jeweilige Ressource so schnell wieder hergeben will. Dies tun sie vermutlich erst dann, wenn die Ressource nicht mehr benötigt wird oder mit Nachteilen verbunden ist.

Jürgen Maier und Tobias Münchmeyer haben mir gegenüber gesagt, dass der Civil-G8-Prozess in Russland und Japan zu einer Demokratisierung geführt habe. Die NGOs hätten dort jetzt auch bei anderen Verhandlungen eine bessere Stellung. Wenn dies der Fall ist, dann wäre der Civil-G8-Prozess als positiv zu bewerten. Dies wäre ein Ansatzpunkt für weitere Analysen, z.B. mit der Fragestellung: Welche innenpolitischen Auswirkungen hatten das Civil-G8-Dialogforum in Russland und Japan?

---

[39] Dies ist natürlich davon abhängig, dass die G8-Gipfeltreffen auch in den nächsten Jahren noch bestehen.

Meine Analyse bezieht sich nur auf Aussagen einzelner deutscher NGO-Vertreter – dies hat Vor- und Nachteile. Es wäre sicherlich interessant eine quantitative Analyse auch unter internationalen NGO-Vertretern durchzuführen, um dadurch umfassende Informationen zu den Civil-G8-Dialogveranstaltungen zu erhalten. Dies würde auch ermöglichen, die Veranstaltungen in Russland, Deutschland und Japan zu vergleichen.

Auch soziologisch wäre es interessant an diesem Thema weiter zu forschen: Welche Bürger engagieren sich in welchen Gruppen? Wer fühlt sich durch welche Aktionsform am besten repräsentiert? Wer geht zu einer Demonstration und wer freut sich, dass endlich auch seine Meinung in den Lobbys und an den Runden Tischen vertreten wird?

# 6. Literaturverzeichnis

**Monographien:**

Abromeit, Heidrun 1993: Interessenvermittlung zwischen Konkurrenz und Konkordanz, Opladen.

Adloff, Frank 2005: Zivilgesellschaft. Theorie und politische Praxis, Frankfurt/M. - New York.

Bayne, Nicholas 2005: Staying Together. The G8 Summit Confronts the 21st Century, Cornwall.

Bayne, Nicholas und Woolcock, Stephen 2007: The New Economic Diplomacy. Decicion-Making and Negotiation in International Economic Relations, Cornwall.

Brand, Ulrich / Brunnengräber, Achim / Schrader, Lutz / Stock, Christian und Wahl, Peter 2000: Global Governance. Alternative zur neoliberalen Globalisierung?, Münster.

Brunnengräber, Achim/ Klein, Ansgar/ Walk, Heike (Hg.) 2001: NGOs als Legitimationsressource. Zivilgesellschaftliche Partizipationsformen im Globalisierungsprozess, Opladen.

Brunnengräber, Achim/ Klein, Ansgar/ Walk, Heike (Hg.) 2005: NGOs im Prozess der Globalisierung. Mächtige Zwerge – umstrittene Riesen, Bonn.

Curbach, Janina 2003: Global Governance und NGOs. Transnationale Zivilgesellschaft in internationalen Politiknetzwerken, Opladen.

Diekmann Andreas 2005: Empirische Sozialforschung. Grundlagen, Methoden, Anwendungen. Reinbek bei Hamburg, S. 450.

Fischer Weltalmanach 2008, Frankfurt am Main.

Frantz, Christiane/ Martens, Kerstin 2006: Nichtregierungsorganisationen, Wiesbaden.

Forum Umwelt und Entwicklung – Rundbrief 1/2007, Bonn.

Forum Umwelt und Entwicklung – Rundbrief 3/2007, Bonn.

Forum Umwelt und Entwicklung – Rundbrief 4/2007, Bonn.

Gareis, Sven Bernhard und Varwick, Johannes 2003: Die Vereinten Nationen. Aufgaben, Instrumente und Reformen, Bonn.

Gstöhl, Sieglinde (Hrsg.) 2003: Global Governance und die G8. Gipfelimpulse für Weltwirtschaft und Weltpolitik, Münster.

Melber, Henning/Wilß, Cornelia (Hrsg.) 2007: G8 macht Politik. Wie die Welt beherrscht wird, Frankfurt am Main.

Putnam, Robert D. und Bayne, Nicholas 1985: Weltwirtschaftsgipfel im Wandel, Bonn.

Rucht, Dieter und Teune, Simon (Hrsg.) 2008: Nur Clowns und Chaoten. Die G8-Proteste in Heiligendamm im Spiegel der Massenmedien, Frankfurt am Main.

Schubert, Klaus und Bandelow, Nils C. 2003: Lehrbuch der Politikfeldanalyse, München.

Schubert, Klaus und Klein, Martina 2006: Politiklexikon, Bonn.

Stiftung Entwicklung und Frieden (Hrsg.) 1995: Nachbarn in Einer Welt: der Bericht der Kommission für Weltordnungspolitik, Bonn.

Take, Ingo 2002: NGOs im Wandel. Von der Graswurzel auf das diplomatische Parkett, Wiesbaden.

Wahl, Peter 2006: G8: PR-Show oder Weltregierung?, Hamburg.

**Aufsätze in Zeitschriften und Sammelbändern:**

Beisheim, Marianne 2005: NGOs und die (politische) Frage nach ihrer Legitimation. Das Beispiel Klimapolitik, in: Brunnengräber, Achim / Klein, Ansgar / Walk, Heike (Hrsg.) 2005: NGOs im Prozess der Globalisierung. Mächtige Zwerge – umstrittene Riesen, Bonn, S. 242-265.

Brühl, Tanja 2001: Mehr Raum für die unbequemen Mitspieler? Die Einbeziehung von NGOs in die internationalen (Umwelt-) Verhandlungen, in: Brunnengräber, Achim/ Klein, Ansgar/ Walk, Heike (Hg.) 2001: NGOs als

Legitimationsressource. Zivilgesellschaftliche Partizipationsformen im Globalisierungsprozess, Opladen, S. 137-156.

Donelly, Martin 2007: Making Government Policy: A Case Study of the G8, in: Bayne, Nicholas und Woolcock, Stephen 2007: The New Economic Diplomacy. Decicion-Making and Negotiation in International Economic Relations, Cornwall, S. 93-104.

Eberlei, Walter 2001: Zivilgesellschaftliche Akteure in globalisierten Politikarenen. Das Beispiel Schuldenregime, in: Brunnengräber, Achim/ Klein, Ansgar/ Walk, Heike (Hg.) 2001: NGOs als Legitimationsressource. Zivilgesellschaftliche Partizipationsformen im Globalisierungsprozess, Opladen, S. 157-173.

Friedrich, Michael 2007: Aufstand der Ratlosen. Attac sucht nach Antworten auf die Globalisierung – doch vor allem sich selbst, in: Internationale Politik Juni 2007, S. 84-90.

Gstöhl, Sieglinde 2003: Global Governance und die G8: Antwort auf globale Probleme?, in: Gstöhl, Sieglinde (Hrsg.) 2003: Global Governance und die G8. Gipfelimpulse für Weltwirtschaft und Weltpolitik, Münster, S. 9-28.

Gstöhl, Sieglinde 2003: Schlussfolgerungen: Gipfelimpulse für Weltwirtschaft und Weltpolitik, in: Gstöhl, Sieglinde (Hrsg.) 2003: Global Governance und die G8. Gipfelimpulse für Weltwirtschaft und Weltpolitik, Münster, S. 329-348.

Messner, Dirk: Global Governance: Globalisierung im 21. Jahrhunder gestalten, in: Beherens, M. et al. 2004: Global Governance: Probleme, Konzepte, Kritik. Hagen 2004, S. 19-49.

Mohr, Sabine 2005: Raum für neue Mitspieler. Über den Umgang von Weltbank, Internationalem Währungsfonds und Welthandelsorganisation mit NGOs, in: Brunnengräber, Achim / Klein, Ansgar / Walk, Heike (Hrsg.) 2005: NGOs im Prozess der Globalisierung. Mächtige Zwerge – umstrittene Riesen, Bonn, S. 298-326.

Nuscheler, Franz 2007: Club-Governance durch G7/G8 – Warum die „Club-Hegemonie“ der G8 ein Auslaufmodell ist, in: Melber, Henning und Wilß, Cornelia (Hg.) 2007: G8 macht Politik. Wie die Welt beherrscht wird, Frankfurt am Main.

Siedersleben, Wenke und Pabel, Tobias 2003: Die historische Entwicklung der G7/G8: von Weltwirtschaftsgipfeln zu Gipfeln der „Weltinnenpolitik“, in: Gstöhl, Sieglinde (Hrsg.) 2003: Global Governance und die G8. Gipfelimpulse für Weltwirtschaft und Weltpolitik, Münster, S. 29-57.

Siegert, Jens: G8 in Russland und die Beteiligung von NGOs, in: Forum Umwelt und Entwicklung Rundbrief 1/2007, S. 17.

## Internetquellen

Beiträge auf Phoenix zum G8-Gifpel: http://www.phoenix.de/der_g8_gipfel_aus_kuehlungsborn_heiligendamm/134290.htm, letzter Zugriff am 19.06.08.

Bericht von Ingo Arzt über Jean Ziegler beim Alternativgipfel auf: http://www.spiegel.de/politik/deutschland/0,1518,486912,00.html, letzter Zugriff am 01.07.08.

Die Internetseite zum Alternativgipfel: www.g8-alternative-summit.org, letzter Zugriff am 01.07.08.

Dokumente, Teilnehmerliste, Programm und Protokolle zum Civil-G8-Dialogforum auf: http://www.forum-ue.de/ unter weitere Themen, letzter Zugriff am 19.06.08.

Dossier vom NDR zum G8-Gipfel auf: http://www1.ndr.de/nachrichten/g8/index.html, letzter Zugriff am 19.06.08.

Enquete-Kommission Globalisierung der Weltwirtschaft – Herausforderungen und Antworten 2002: Schlussbericht, auf: http://www.bundestag.de/gremien/welt/glob_end/index.html, letzter Zugriff am 19.06.08.

Hajnal, Peter 2007: Can Civil Society Influence G8 Accountability?, auf: www.g7.utoronto.ca/scholar/hajnal-warwick.pdf, letzter Zugriff am 19.06.08.

G8-Newsletter des Presse- und Informationsamt der Bundesregierung am 27.April 2007: G8-Sherpas stellen sich der zivilgesellschaftlichen Kritik auf: http://www.g-8.de/Content/DE/Artikel/2007/04/2007-04-26-g8-zivilgesellschaft-sherpa.html, letzter Zugriff am 19.06.08.

Internetseite der Kampagne Deine Stimme gegen Armut mit Berichten über das Konzert in Rostock: www.deine-stimme-gegen-armut.de, letzter Zugriff am 01.07.08.

Interview mit Angela Merkel über den G8-Gipfel auf: http://www.tagesschau.de/multimedia/video/video28694.html, letzter Zugriff am 19.06.08.

Jensen 2007: Stippvisite bei der Zivilgesellschaft, in der taz vom 28.04.07 auf www.taz.de

Messner, Dirk/Nuscheler, Franz; Stiftung Entwicklung und Frieden (Hg.) 1996: Policy Paper 2. Global Governance. Herauforderungen an die deutsche Politik an der Schwelle zum 21. Jahrhundert, in: http://www.sef-bonn.org/download/publikationen/policy_paper/pp_02_de.pdf, letzter Zugriff am 16.02.08.

Positionspapier der Bundeskoordination Internationalismus sowie ein Statement zum Lobbyismus auf:
http://www.buko.info/publikationen/positionen/positionen2.html und
http://www.buko.info/buko/erklaerungen/ngo_replik/ngo_replik_presse.html
Pressereaktionen dazu auf der Seite:
http://www.buko.info/buko/erklaerungen/ngoreplik.html , letzter Zugriff am 01.07.08.

Schulz, Daniel 2007: Lügt Kavala? auf www.taz.de, letzter Zugriff am 19.06.08.

Sonderseite von Attac zum G8-Gipfel auf: http://www.attac.de/heiligendamm07/pages/baktuellesb.php, letzter Zugriff am 19.06.08.

Seiten vom ZDF zum G8 Gipfel, u.a. auch zum Alternativgipfel auf: http://www.heute.de/ZDFheute/inhalt/15/0,3672,5540207,00.html, letzter Zugriff am 19.06.08.

Venro Pressemitteilung 12/2007: NRO und G8-Sherpas diskutieren vor G8-Gipfel in Heiligendamm auf www.venro.org/presse/archiv/pm-12-2007.pdf, letzter Zugriff am 19.06.08.

Wahl, Peter: G8-Dialog: Bundeskanzlerin stößt Zivilgesellschaft vor den Kopf auf: http://www.attac.de/aktuell/presse/presse_ausgabe.php?id=690, letzter Zugriff am 19.06.08.

Zaungast – das Magazin zum G8-Gipfel von der Konrad-Adenauer-Stiftung auf:
http://www.journalisten-akademie.com/static/html/19000101.html, letzter Zugriff am 19.06.08.

Internetseite des japanischen Civil-G8-Dialogforums:
www.g8ngoforum.org, letzter Zugriff am 01.07.08.

http://www.g8.utoronto.ca/evaluations/csed/choreography.pdf, letzter Zugriff am 01.07.08.

http://www.g8.utoronto.ca/evaluations/csed/g8-cs.pdf letzter Zugriff am 01.07.08.

http://www.g8.utoronto.ca/evaluations/csed/cs_russia.pdf letzter Zugriff am 01.07.08.

# 7. Anhang

Im Anhang befinden sich folgende Dokumente:

- Die Einladung zum Civil-G8-Dialogforum
- Die Teilnehmerliste des deutschen und japanischen Civil-G8-Dialogforums
- Das Programm des deutschen und japanischen Civil-G8-Dialogforums
- Abbildung Nr. 7: Einbindungsformen
- Ausgewählte Fotos

G8 Gipfel **2007**

Forum Umwelt
und Entwicklung

Susanne Schäfer
suschaef@uni-osnabrueck.de

Bonn, 20/03/07

Dear Ms. Schäfer,

The German NGO Forum on Environment and Development and the German G8 Presidency are pleased to invite you to the international **Civil G8 Dialogue** in Bonn on April 25 and 26, 2007.

The objective of this **Civil G8 Dialogue** is to continue and intensify the dialogue between international civil society and the G8 that has already been initiated by the previous G8 Presidencies.
The **Civil G8 Dialogue** will focus on the three main issues of the agenda of the German G8 Presidency - World Economy, Climate and Africa. Along this line civil society representatives from non-governmental organizations, business, trade unions, churches and others will have an opportunity to analyse and discuss issues of their general and special interests in various plenary and working groups, culminating in a round-table discussion with the G8 Sherpas. Please find a preliminary program enclosed.

The **Civil G8 Dialogue** will open on April 25th with a keynote address by Federal Minister of Economic Cooperation and Development Heidemarie Wieczorek-Zeul, followed by a series of panel discussions on the G8 process, world economy and Africa on the same day, and a panel on climate on April 26th. Active audience participation will be an important aspect of all these panels. The climate panel will be followed by parallel working groups on Climate/Energy, Africa, Intellectual Property Rights, Biodiversity, World Economy/Investments and Raw Materials. The conference will conclude with a round table discussion between civil society representatives and the G8 Sherpas in the afternoon of April 26th, chaired by the German G8 Sherpa, Secretary of State Bernd Pfaffenbach and Jürgen Maier, Director of the Forum on Environment and Development.

You are kindly requested to complete the attached form and, if you intend to participate, state your workshop preference. You will then receive a confirmation as an official participant and the final program of the conference at the beginning of April.

We look forward to your participation in an interesting and challenging conference!

Yours sincerely,

| Dr. Bernd Pfaffenbach | Jürgen Maier |
|---|---|
| German G8 - Presidency | German NGO Forum<br>on Environment and Development |

G8 Gipfel 2007
Heiligendamm

Forum Umwelt und Entwicklung

In order to be able to register you for the conference we ask that you to complete the form below and to send it to ansgar.kiene@forumue.de by **Friday 30th March.**

- I will participate in the conference YES (___) NO (___)
- Name
- First Name
- Nationality
- Organisation
- Date of Birth
- Day of arrival
- Address (Street, Zip-Code, Country)
- Do you require a visa for Germany? YES (___) NO (___)

Visa information and application forms under:
http://www.auswaertiges-amt.de/diplo/en/WillkommeninD/EinreiseUndAufenthalt/StaatenlisteVisumpflicht.html

- If you need a visa to enter Germany please let us know as soon as possible in order to fast-track the application process.

Which workshop would you like to participate in?

- (I) Climate/Energy (___)
- (II) Africa (___)
- (II) Intellectual Property Rights (___)
- (IV) Biodiversity (___)
- (V) World Economy/Investments (___)
- (VI) Raw materials (___)

**Please confirm your participation, including all required information by March 30th!**

In order to register for the conference in Bonn, you will need to present a printout of this **invitation** as well as your **ID or Passport**.

G8 Gipfel 2007
Heiligendamm

Forum Umwelt
und Entwicklung

For your hotel-booking please use this website:
http://www.tcbonn.de/con/html/3262-163.html
**We have made hotel reservations that can be booked by you until March 30th.**

The costs for airfare and accommodation will not be covered by the organizers of the conference. Ground transport to and from Koeln/Bonn airport and in Bonn is included, if you use the booking tool given above.

The conference language is English; there will be simultaneous interpretation (German/English and English/German) for the round table discussion with the Sherpas, all panel discussions and some of the workshops.

Finally, please be advised that the two-day conference is a NON SMOKING event.

For any further inquiries, please contact:
Ansgar Kiene
German NGO Forum on Environment & Development
Phone: +49-(0)228-923 993 50
Mobile: +49-(0)163-98 96 019
Ansgar.kiene@forumue.de

Forum Umwelt und Entwicklung

# Civil G8 Dialogue 2007
## List of Participants

G8 Gipfel 2007 Heiligendamm

| Nr. | Name | First Name | Organisation | Country |
|---|---|---|---|---|
| 1 | Abdalla | NourEldin | Sudanese Meteorological Society | Sudan |
| 2 | Abel | Thekla | Federal Ministry for Economic Cooperation and Development (BMZ) | Germany |
| 3 | Albert | Thomas | Federal Ministry for Economic Cooperation and Development (BMZ) | Germany |
| 4 | Alberts | Jens | Sherpa Staff Germany | Germany |
| 5 | Alexander | Nancy C. | Citizens' Network on Essential Services (CNES) Globalization Challenge Initiative | USA |
| 6 | Anthony | Michael | Allianz SE | Germany |
| 7 | Argo | Emmanuel | Global African Diaspora Coalition (GLAD) | United Kingdom |
| 8 | Asfour | Amany | Egyptian Business Women's Association | Egypt |
| 9 | Auzan | Alexander | National Project Institue - Social Contract | Russia |
| 262 | Bacciotti | Elisa | UCODEP | Italy |
| 10 | Backhoven-Warnecke | Heike | Federal Ministry for Economic Cooperation and Development (BMZ) | Germany |
| 11 | Bagopha | Raul | German Catholic Bishop's Organisation for Development Cooperation (MISEREOR) | Germany |
| 12 | Baier | Nina | Federal Ministry for Economic Cooperation and Development (BMZ) | Germany |
| 13 | Bals | Christoph | Germanwatch | Germany |
| 14 | Bange | Dirk | Association of German development non-governmental organisations (VENRO) | Germany |
| 15 | Belyakov | Igor | Economical Expert Group | Russia |
| 16 | Benterbusch | Ulrich | Sherpa Staff Germany | Germany |
| 17 | Berger | Rachel | Practical Action | United Kingdom |
| 18 | Bertrams | Nathalie | German NGO Forum on Enviroment and Development | Germany |
| 265 | Böhmer | Jochen | Federal Ministry for Economic Cooperation and Development (BMZ) | Germany |
| 19 | Borione | Delphine | Sherpa Staff France | France |
| 20 | Botsio | Millicent | Oldenburg Ecumenical Centre | Ghana |
| 21 | Braten | Francois | CDSH – SECRETARIAT | Netherlands |
| 22 | Braun | Tillmann Rudolf | Federal Ministry of Economics and Technology (BMWI) | Germany |

Forum Umwelt und Entwicklung

# Civil G8 Dialogue 2007
# List of Participants

G8 Gipfel 2007 Heiligendamm

| Nr. | Name | First Name | Organisation | Country |
|---|---|---|---|---|
| 23 | Brauner | Karl-Ernst | Federal Ministry of Economics and Technology (BMWI) | Germany |
| 24 | Bricke | Mona | German NGO Forum on Enviroment and Development | Germany |
| 25 | Brickenkamp | Sabine | Federal Ministry for Economic Cooperation and Development (BMZ) | Germany |
| 26 | Brinkmöller | Monika | German NGO Forum on Environment and Development | Germany |
| 27 | Brose | Thomas | Climate Allianze Germany | Germany |
| 28 | Buchanan | Margo | United Nations Development Programme<br>The Earth Institute at Columbia University | USA |
| 29 | Buston | Oliver | Debt AIDS Trade Africa (DATA) | United Kingdom |
| 30 | Byakola | Timothy | Climate and Development Initiatives | Uganda |
| 31 | Cardenas Portillo | Maria Jose | Ministry of Environment Mexico | Mexico |
| 32 | Chuprov | Vladimir | Greenpeace Russia | Russia |
| 33 | Ciacci | Laura | World Wildlife Fund (WWF) Italy | Italy |
| 34 | Clayton | Marc | Sherpa Staff UK | United Kingdom |
| 35 | Cockburn | Stephen | Stop AIDS Campaign | United Kingdom |
| 36 | Coles | Julius | Africare | United States |
| 37 | Currah | Kel | World Vision / Global Call to Action against Poverty | United Kingdom |
| 38 | de Fraia | Luca | ActionAid International - Italy | Italy |
| 39 | de Swardt | Cobus | Transparency International | Germany |
| 40 | Dederichs | Birgit | German Agro Action (DWHH) | Germany |
| 41 | Deve | Thomas | Mwengo | Zimbabwe |
| 42 | Diekmann | Berend | Federal Ministry of Economics and Technology (BMWI) | Germany |
| 43 | Dittmann | Raimund | Federal Ministry of Economics and Technology (BMWI) | Germany |
| 44 | Eckhoff | Sina | Society for Technical Cooperation (GTZ) | South Africa |
| 45 | Eckl | Jürgen | Confederation of German Trade Unions (DGB) | Germany |
| 46 | Ehusani | George | Catholic Bishop's Conference Nigeria | Nigeria |
| 47 | Eisenblätter | Peter | Terre des Hommes | Germany |
| 48 | Elias | Victoria | World Wildlife Fund (WWF) Russia | Russia |
| 49 | Elouardigi | Khalil | Action against AIDS Germany & Worlds Campaign | France |
| 50 | Ernst | Reinhild | UN Millennium Campaign Germany | Germany |
| 51 | Feidieker | Thomas | Federal Ministry for Economic Cooperation and Development (BMZ) | Germany |

Forum Umwelt und Entwicklung

# Civil G8 Dialogue 2007
# List of Participants

G8 Gipfel 2007 Heiligendamm

| Nr. | Name | First Name | Organisation | Country |
|---|---|---|---|---|
| 52 | Ferrier | Fabrice | Coordination Sud | France |
| 53 | Finkbeiner | Frithjof | Global Marshall Plan Initiative | Germany |
| 54 | Frein | Michael | German NGO Forum on Environment and Development | Germany |
| 55 | Fuhr | Lili | Heinrich Böll Foundation | Germany |
| 56 | Gad | Gerhard | Association of German development non-governmental organisations (VENRO) | Germany |
| 57 | Garcia | Jesse | Transparency International | USA |
| 58 | Glania | Guido | Federation of German Industries (BDI) | Germany |
| 59 | Gnapelet | Lambert | Lead Central African Republic | Central African Rep |
| 60 | Goldstein | Ciara | Global Alliance for TB Drug Development | Belgium |
| 61 | Golla | Kristian | Network of German Peace Movement | Germany |
| 62 | Gondwe | Kenneth | University of Malawi NAPA Peer Review Team | Malawi |
| 63 | Gourdault-Montagne | Maurice | Sherpa France | France |
| 64 | Groll | Elvira | Federal Ministry for Economic Cooperation and Development (BMZ) | Germany |
| 65 | Grüning | Juliane | German League for Nature and Environment (DNR) | Germany |
| 66 | Gsänger | Stefan | World Wind Energy Association | Germany |
| 67 | Guérios de Lima | Kariana | Gestos – Serumpositivity | Brasil |
| 68 | Günther | Regine | German NGO Forum on Environment and Development | Germany |
| 69 | Gutmann | Kathrin | World Wildlife Fund International (WWF) | Switzerland |
| 70 | Gütter | Ruth | Evangelical Church of Germany (EKD) | Germany |
| 71 | Hagebölling | Mirjam | Action against AIDS Germany | Germany |
| 72 | Hagemann | Hildegard | German Commission for Justice and Peace / Association of German development non-governmental organisations (VENRO) | Germany |
| 73 | Hakala | Rainer | Federal Ministry for Economic Cooperation and Development (BMZ) | Germany |
| 74 | Hall | Janet | UN Foundation | USA |
| 75 | Hall | Ronnie | Friends of the Earth | United Kingdom |
| 76 | Hanfstaengl | Eva-Maria | Consultant to UN Financing for Development Office | Germany |
| 77 | Harder | Peter | | Canada |
| 78 | Harmeling | Sven | Germanwatch | Germany |

Forum Umwelt und Entwicklung

## Civil G8 Dialogue 2007
## List of Participants

G8 Gipfel 2007 Heiligendamm

| Nr. | Name | First Name | Organisation | Country |
|---|---|---|---|---|
| 79 | Heizmann | Steffen | Federal Ministry for Economic Cooperation and Development (BMZ) | Germany |
| 80 | Henk | Christian | Federal Ministry of Economics and Technology (BMWI) | Germany |
| 81 | Herding | Wiebke | World Conservation Union (IUCN) | Belgium |
| 82 | Hermle | Reinhard | Oxfam | Germany |
| 83 | Hoegen | Monika | Journalist | Germany |
| 264 | Hoepffner | Hans-Jochen | Presents of Hope | Germany |
| 84 | Hoffmann | Harry | German NGO Forum on Environment and Development | Germany |
| 85 | Högen | Monika | Journalist | Germany |
| 86 | Höynck | Wilhelm | Ambassador (ret.)/ member DGAP | Germany |
| 87 | Humborg | Christian | Transparency International Germany | Germany |
| 88 | Hütz-Adams | Friedel | South Wind | Germany |
| 89 | Iijima | Toshiro | Embassy of Japan | Japan |
| 90 | Inden Heinrich | Helga | German League for Nature and Environment (DNR) | Germany |
| 91 | Ipaktschi | Sussan | Association of German Catholic Youth (BDKJ) | Germany |
| 92 | Ivanov | Andrey | Altai XXI Century Foundation - Ecology | Russia |
| 267 | Jacoby | Julia | U.S. Embassy Berlin | USA |
| 93 | Jikeli | Günther | Federal Ministry of Food, Agriculture and Consumer Protection (BMELV) | Germany |
| 94 | Juhl-Nielsen | Niels Johan | Danish Association for International Co-operation (MS) | Denmark |
| 95 | Kabemba | Claude | Southern Africa Resource Watch | South Africa |
| 96 | Kaiser | Martin | Greenpeace International | Germany |
| 97 | Karpachevskiy | Mikhail | Biodiversity Conservation Center | Russia |
| 98 | Keinhorst | Irene | Federal Ministry of Health and Social Security (BMG) | Germany |
| 99 | Kemmoku | Ryoko | Japanse Embassy | Japan |
| 100 | Kemmoku | Ryoko | Japanese Embassy | Japan |
| 101 | Khor | Martin | Third World Network | Malaysia |
| 102 | Kiene | Ansgar | German NGO Forum on Environment and Development | Germany |
| 103 | Kier | Gerold | Germanwatch | Germany |
| 104 | Kirk | Martin | Save the Children UK | United Kingdom |
| 105 | Klaphake | Axel | Federal Ministry for Economic Cooperation and Development (BMZ) | Germany |
| 106 | Kleinhorst | Irene | Federal Ministry of Health (BMG) | Germany |
| 107 | Kleße | David | Federal Ministry of Economics and Technology (BMWI) | Germany |

| Nr. | Name | First Name | Organisation | Country |
|---|---|---|---|---|
| 108 | Knauf | Gerald | German NGO Forum on Environment and Development | Germany |
| 109 | Knizhnikov | Alexey | World Wildlife Fund (WWF) Russia | Russia |
| 110 | Kobayashi | Kenichi | Sherpa Staff Japan | Japan |
| 111 | Köhler | Martin | Federal Ministry of Food, Agriculture and Consumer Protection (BMELV) | Germany |
| 112 | Kohno | Masaharu | Sherpa Japan | Japan |
| 113 | Kortmann | Karin | Federal Ministry for Economic Cooperation and Development (BMZ) | Germany |
| 114 | Kurat | Anke | Association of German development non-governmental organisations (VENRO) | Germany |
| 115 | Lanje | Kerstin | Germanwatch | Germany |
| 116 | Leininger | Julia | German Development Institute (DIE) | Germany |
| 117 | Lo | Rosalie | | |
| 118 | Lochbihler | Barbara | amnesty international Germany | Germany |
| 119 | Lockl | Stephan | Federal Ministry for Economic Cooperation and Development (BMZ) | Germany |
| 120 | Lüdicke | Laura | Federal Ministry of Economics and Technology (BMWI) | Germany |
| 121 | Maier | Jürgen | German NGO Forum on Environment and Development | Germany |
| 122 | Malikail | Patricia | Sherpa Staff Canada | Canada |
| 123 | Manske | Dirk | Business Advisory Committee to the OECD - BIAC | France |
| 124 | Marelli | Sergio | G7-Coalition / NGO Association Italy | Italy |
| 125 | Marsh | Helen | Results UK | United Kingdom |
| 126 | Martens | Jens | Global Policy Forum Europe | Germany |
| 127 | Martin | Nigel | FMI | Canada |
| 128 | May | Marina | German Foundation for World Population (DSW) | Belgium |
| 129 | Mc Swiney | Morgan | Sherpa Staff EU | Belgium |
| 130 | McCormick | David | Sherpa USA | USA |
| 131 | McNeill | Kirsty | Debt AIDS Trade Africa (DATA) | United Kingdom |
| 132 | Merck | Johannes | Otto Group | Germany |
| 133 | Mertens | Volker | German AIDS Foundation | Germany |
| 134 | Mikota | Ulla | Association of German development non-governmental organisations (VENRO) | Germany |
| 135 | Milke | Klaus | Germanwatch | Germany |
| 136 | Miller | Leif | The Nature Conservancy (NABU) | Germany |
| 137 | Milova | Olga | Institute of Energy and Finance | Russia |

Forum Umwelt und Entwicklung

# Civil G8 Dialogue 2007
## List of Participants

G8 Gipfel 2007

| Nr. | Name | First Name | Organisation | Country |
|---|---|---|---|---|
| 138 | Mischo | Frank | Kindernothilfe (KNH) | Germany |
| 139 | Moldenhauer | Oliver | Doctors without Borders (MSF) | Germany |
| 140 | Monaghan | Tatiana | Russian National Committee of the International Chamber of Commerce (ICC) | Russia |
| 141 | Morgan | Jennifer | E3G | United Kingdom |
| 142 | Mörth | Christine | Federal Ministry for Economic Cooperation and Development (BMZ) | Germany |
| 143 | Mtutu | Regis | Treatment Action Campaign (TAC) | South Africa |
| 144 | Müller | Sebastian | Habitat Network | |
| 145 | Müller-Kraenner | Sascha | The Nature Conservancy (NABU) | Germany |
| 146 | Mulroney | David | Sherpa Canada | Canada |
| 147 | Münchmeyer | Tobias | Greenpeace Germany | Germany |
| 148 | Munthali | Gray | Meteorological Services | Malawi |
| 149 | Musyimi-Ogana | Litha | Gender, Parliamentary Affairs & Civil Society Organisations (CSO) NEPAD Secretariat | South Africa |
| 150 | Nakamura | Kohei | Sherpa Staff Japan | Japan |
| 151 | Niang Diop | Isabelle | ENDA Senegal | Senegal |
| 152 | Nickel | Elsa | Federal Ministry of Enviroment | Germany |
| 153 | Niekisch | Manfred | German League for Nature and Enviroment (DNR) | Germany |
| 154 | Njiro | Esther | | |
| 155 | Nkuuhe | Johnson | MDG Support Advisor in the UNDP Country Office | Uganda |
| 156 | Noehrenberg | Eric | International Federation of Pharmaceutical Manufactures and Associations (IFPMA) | |
| 157 | Nyika | Mugove Walter | The Rescope Programm | Zimbabwe |
| 159 | Obayashi | Mika | Institute for Sustainable Energy Policies (ISEP) | Japan |
| 158 | Offe | Johanna | Federal Ministry for Economic Cooperation and Development (BMZ) | Germany |
| 160 | Ong'wen | Odour | Southern & Eastern African Trade, Informations & and Negotiations Institute (SEATINI) | Kenya |
| 161 | Otiende | Brian | African Centre for Technology Studies (ACTS) | Kenya |
| 162 | Ozharovsky | Andrey | IDC Russland | Russia |
| 163 | Pamfilova | Ella | Council on Civil Society Institutions and Human Rights | Russia |
| 164 | Panova | Victoria | G8 Research Group | Russia |
| 165 | Pauly | Walter | Pauly Project Management | Germany |
| 166 | Perez Guzman | Katya | Mexican Centre for Environmental Rights (CEMDA) | Mexico |

Forum Umwelt und Entwicklung

# Civil G8 Dialogue 2007
# List of Participants

G8 Gipfel 2007 Heiligendamm

| Nr. | Name | First Name | Organisation | Country |
|---|---|---|---|---|
| 167 | Pfaffenbach | Bernd | Sherpa Germany | Germany |
| 168 | Philipps | Katharina | German NGO Forum on Environment and Development | Germany |
| 169 | Pietricovsky | lara | INESC Brasilien | Basil |
| 170 | Platov | Sergey | International Human Rights Centre | Russia |
| 171 | Plooijer | Nico | IKVPaxChristi / European Coalition on Oil in Sudan | Netherlands |
| 172 | Ponizova | Olga | Eco-Accord Russland | Russia |
| 173 | Post | Ulrich | Association of German development non-governmental organisations (VENRO) / German Agro Action (DWHH) | Germany |
| 174 | Preyma | Lida | Pure Trading Canada | Canada |
| 175 | Rabbow | Michael | Boehringer Ingelheim GmbH | Germany |
| 176 | Randzio-Plath | Christa | Association of German development non-governmental organisations (VENRO) / Marie-Schlei-Association | Germany |
| 177 | Rees | Trevor | Lead International | |
| 178 | Reichel | Jürgen | Church Development Service (EED) | Germany |
| 179 | Ritchie | Peter | Chatham House | United Kingdom |
| 180 | Roach | Rachel | Tearfund | United Kingdom |
| 181 | Robbins | Oliver | Sherpa UK | United Kingdom |
| 182 | Rocha | John | | |
| 183 | Rodenberg | Birte | Action against AIDS Germany | Germany |
| 184 | Röhr | Anja | Wuppertal Institute for Climate, Environment and Energy | Germany |
| 185 | Röhr | Ulrike | Life | Germany |
| 186 | Roll | Katja | The Global Fund | Germany |
| 187 | Roos | Jörg | World Wildlife Fund (WWF) Germany | Germany |
| 188 | Rozanov | Vadim | Sherpa Staff Russia | Russia |
| 189 | Rozendaal | Nadja | International AIDS Vaccine Initiative | Netherlands |
| 190 | Ruiz | Marta | EURODAD ASBL/VZW | Belgium |
| 191 | Ruthrauff | John | Interaction | USA |
| 192 | Sach | Karsten | The Federal Ministry for the Environment, Nature Conservation and Nuclear Savety (BMU) | Germany |
| 193 | Sachau | Nina | Trade Justice Campaign Germany | Germany |
| 194 | Sadia | Christine | United Nations Development Fund for Women | |
| 195 | Salzano | Pasquale | Sherpa Staff Italy | Italy |
| 196 | Sandkjaer | Bjorg | GAVI Alliance | Switzerland |
| 197 | Sannino | Stefano | Sherpa Italy | Italy |
| 198 | Sawyer | Steve | Global Wind Energy Council | USA |
| 199 | Schäfer | Susanne | | Germany |

Forum Umwelt und Entwicklung

# Civil G8 Dialogue 2007
# List of Participants

G8 Gipfel 2007

| Nr. | Name | First Name | Organisation | Country |
|---|---|---|---|---|
| 200 | Schlenker | Ulrich | Association of German development non-governmental organisations (VENRO) / Your Voice against Poverty (DSGA) | Germany |
| 201 | Schliebs | Maike | German Foundation for World Population (DSW) | Germany |
| 202 | Schmidt | Carolin | Association of German development non-governmental organisations (VENRO) / Your Voice against Poverty (DSGA) | Germany |
| 203 | Schmidt | Kevin | Federal Ministry of Economics and Technology (BMWI) | Germany |
| 204 | Schraa | Susanne | Federal Ministry for Economic Cooperation and Development (BMZ) | Germany |
| 205 | Schrecker | Ted | Institute of Population Health, University of Ottawa | Canada |
| 206 | Schröder | Ralf | Federal Ministry for Economic Cooperation and Development (BMZ) | Germany |
| 207 | Schwiderowski | Heiko | German Chambers of Industry and Commerce (IHKs) | Germany |
| 208 | Schwietering | Astrid | ActionAid Deutschland | Germany |
| 209 | Setton | Daniela | World Economy, Ecology and Development (WEED) | Germany |
| 210 | Sharma | Aditi | Indian outreach | India |
| 211 | Shuvalov | Igor | Sherpa Russia | Russia |
| 263 | Sievers | Julia | Society for Technical Cooperation (GTZ) | Germany |
| 212 | Singer | Stefan | World Wildlife Fund (WWF) European Office | Belgium |
| 213 | Sinjwala | Malumo Henry | Global Call to Action Against Poverty (GCAP) | |
| 261 | Skuce | Nikki | Canadian Renewable Energy Association | Canada |
| 214 | Smid | Karsten | Greenpeace Germany | Germany |
| 215 | Smirnov | Denis | World Wildlife Fund (WWF) Russia | Russia |
| 260 | Smith | Sanya | Third World Network | Malaysia |
| 216 | Spiess | Katharina | amnesty international Germany | Germany |
| 217 | Steen | Wilfried | Church Development Service (EED) | Germany |
| 218 | Steinke | Marita | Federal Ministry for Economic Cooperation and Development (BMZ) | Germany |
| 219 | Stoll | Georg | German Catholic Bishop's Organisation for Development Cooperation (MISEREOR) | Germany |

| Nr. | Name | First Name | Organisation | Country |
|---|---|---|---|---|
| 220 | Sugrue | Annie | CURES Southern Africa | South Africa |
| 221 | Széles | Zsuzsanna | World Wildlife Fund (WWF) Germany | Germany |
| 222 | Takahashi | Hideyuki | Japan NGO Center for International Cooperation | Japan |
| 223 | Taylor | Sebastian | Commission on Social Determinants of Health University College London | United Kingdom |
| 224 | Tayob | Riaz | Third World Network, RSA | South Africa |
| 225 | Thiemann-Huguet | Nathalie | World Vision Germany | Germany |
| 226 | Trautner | Bernhard | Federal Ministry for Economic Cooperation and Development (BMZ) | Germany |
| 227 | Tricarico | Antonio | CRBM | Italy |
| 266 | Tyderle | Wolfgang | CARE Deutschland | Germany |
| 228 | Ulrich | Kai | Sherpa Staff Germany | Germany |
| 229 | Unger | Knut | Habitat Network | Germany |
| 230 | Vale de Almeida | Joao | Sherpa EU | Belgium |
| 231 | Vashist | Sanjay | Centre for Global Environment Research | India |
| 232 | Vasilieva | Alena | Volgograd-Express | Russia |
| 233 | Verolme | Hans | World Wildlife Fund (WWF) International | USA |
| 234 | Viehoff | Ludger | Federal Ministry of Education and Res | Germany |
| 235 | Vlasova | Natalia | Ural State University of Economics | Russia |
| 236 | von Broock | Antje | Friends of the Earth Germany | Germany |
| 237 | von der Goltz | Nicolaus | Federal Ministry for Economic Cooperation and Development (BMZ) | Germany |
| 238 | von Weizäcker | Christine | Ecoropa and Federation of German Scientists | Germany |
| 239 | Wahl | Peter | World Economy, Ecology and Development (WEED) / Attac | Germany |
| 240 | Wairoto | Joshua | Consultant | Kenia |
| 241 | Walther | Bianca | | |
| 242 | Watt | Patrick | ActionAid Uk | United Kingdom |
| 243 | Watts | Katherine | Climate Action Network Europe | UK |
| 244 | Weigand | Jennifer | Federal Ministry of Economics and Technology (BMWI) | Germany |
| 245 | Wichard | Johannes Christian | Federal Ministry of Justice (BMJ) | Germany |
| 246 | Widmann | Christian | Federal Ministry for Economic Cooperation and Development (BMZ) | Germany |
| 247 | Wiebke | Herding | Countdown 2010 Secretariat IUCN Regional Office for Europe | Belgium |

| Nr. | Name | First Name | Organisation | Country |
|---|---|---|---|---|
| 248 | Wieczorek-Zeul | Heidemarie | Federal Ministry for Economic Cooperation and Development (BMZ) | Germany |
| 249 | Wiesmann | Verena | Association of German development non-governmental organisations (VENRO) | Germany |
| 250 | Wilke | Lars | Federal Ministry for Economic Cooperation and Development (BMZ) | Germany |
| 251 | Windfuhr | Michael | Bread for the World | Germany |
| 252 | Wittmann | Michael | Schmack Biogas AG | Germany |
| 253 | Wörmann | Claudia | Federation of German Industries (BDI) | Germany |
| 254 | Xu | Helen | Clean Water Network, China China University of Mining and Technology(Beijing) | China |
| 255 | Zahrnt | Angelika | Friends of the Earth Germany | Germany |
| 256 | Zamba | Colleen | UNDP Malawi Country Office | Malawi |
| 257 | Zimmer | Anna | German NGO Forum on Environment and Development | Germany |
| 258 | Zimmer | Harald | Association of Research-Based Pharmaceutical Companies | Germany |
| 259 | Zimpel | Sabine | Jubilee Germany | Germany |

We can change the world.
2008 Japan G8 Summit
NGO Forum

*Civil G8 Dialogue* — Kyoto, 23rd - 24th April 2008

Participants List

| No | Name | Organization | Nation |
|---|---|---|---|
| 1 | Aileen Mioko Smith | GreenAction | Japan |
| 2 | Akemi Okazaki | Hokkaido People's Forum on G8 Summit | Japan |
| 3 | Aki Ogawa | Japan AIDS & Society Association | Japan |
| 4 | Akihiko Morita | Japan Network Against Trafficking in Persons (JNATIP) | Japan |
| 5 | Akihiro Takagi | Japan NGO Center for International Cooperation (JANIC) | Japan |
| 6 | Akira Kawasaki | PEACE BOAT | Japan |
| 7 | Amr Ahmed El Rachidi | Embassy of Egypt in Japan | Egypt |
| 8 | Anil Kumar Singh | SANSAD (South Asian Network for Social & Agricultural Development) / GCAP India | India |
| 9 | Anke Kurat | VENRO | Germany |
| 10 | Anna Felicity Rose | Australian Youth Climate Coalition | Australia |
| 11 | Aoi Horiuchi | AM-Net | Japan |
| 12 | Atsuko Miwa | Kansai NGO Council | Japan |
| 13 | Ayako Sekine | Citizens Against Chemicals Pollution (CACP) | Japan |
| 14 | Ben Hubbard | One Campaign | USA |
| 15 | Bukulu Haruna | Mission For Youth Rights-Kampala | Uganda |
| 16 | Chandra Kirana Prijosusilo | Revenue Watch Institute | Indonesia |
| 17 | Chona Leah M Ramos | GCAP Asia | Philippines |
| 18 | Daisuke Okada | SHINNYO-EN | Japan |
| 19 | Daphne Wysham | Sustainable Energy & Economy Network | USA |
| 20 | Dennis Howlett | Make Poverty History Canada | Canada |
| 21 | Dorothy Shaw | FIGO (the International Federation of Gynecology and Obstetrics) | Canada |
| 22 | Elizabeth Anne Peterson | World Vision International | USA |
| 23 | Emmanuel Maria C. Calonzo | Global Alliance for Incinerator Alternatives (GAIA) | Philippines |
| 24 | Etsuko Yamanaka | People to People Aid | Japan |
| 25 | Etsuo Miura | PV owner Network Japan | Japan |
| 26 | Fadi Fayez Abi-Allam | Permanent Peace Movement | Lebanon |
| 27 | Farida Akhter | UBINIG (Policy Research for Development Alternatives) | Bangladesh |
| 28 | Fumi Suzuki | Space Allies | Japan |
| 29 | Geoffrey Irungu Houghton | Oxfam GB | Kenya |
| 30 | Gustave Assah | Social Watch | Benin |

| | | | |
|---|---|---|---|
| 31 | Godwin Nsude AGBO | Embassy of Nigeria in Japan | Nigeria |
| 32 | Hajime Oshitani | Hokkaido People's Forum on G8 Summit | Japan |
| 33 | Haruya Ishikawa | Japan G8 Youth Project | Japan |
| 34 | Haruyasu Se | Earthday Everyday | Japan |
| 35 | Herminia Minnie Malabo Degawan | Indigenous Peoples Network for Change (IPNC) | Philippines |
| 36 | Hideaki Uemura | SHIMIN GAIKOU CENTRE | Japan |
| 37 | Hidenori Kusakari | WWF Japan | Japan |
| 38 | Hirofumi Kibata | Indigenous Peoples Summit in Ainu Mosir 2008 | Japan |
| 39 | Huzi Mshelia | Clean Energy and Environment Initiative | Nigeria |
| 40 | Irfan Mufti | GCAP (Global Call to Action against Poverty) | Pakistan |
| 41 | Isao Tadokoro | Caritas Japan | Japan |
| 42 | Jacobus Saayman de Swardt | Transparency International | South Africa |
| 43 | Jefferson R. Plantilla | HURIGHTS OSAKA | Japan |
| 44 | Jeffrey Alan Mcneely | IUCN | USA |
| 45 | Jennifer Chiwela | Africa Network Campaign on Education for All (ANCEFA) | Zambia |
| 46 | Jill Shefield | Family Care International | USA |
| 47 | John Ruthrauff | InterAction | USA |
| 48 | Joseph Donnelly | Caritas Internationalis | USA |
| 49 | Juergen Maier | German NGO Forum for Development and Environment | Germany |
| 50 | Jun Hoshikawa | Greenpeace Japan | Japan |
| 51 | Junkwan Ahn | Korean Federation for Environmental Movements | Korea |
| 52 | Junya Tanaka | Japan G8 Youth Project | Japan |
| 53 | Kalyani Menon-Sen | JAGORI | India |
| 54 | Kastsuhiko Mori | International Christian University | Japan |
| 55 | Kathrin Gutmann | WWF Germany | Germany |
| 56 | Kathy Leach | British Embassy in Japan | United Kingdom |
| 57 | Katsuya Okada | Member of House of Representatives | Japan |
| 58 | Kayoko Yamada | Japan's Save the Ozone Network (JASON) | Japan |
| 59 | Kazue Saeki | British Embassy in Japan | United Kingdom |
| 60 | Kazuhiko Nishizawa | Oxfam Japan | Japan |
| 61 | Kazuho Seko | ESDJ | Japan |
| 62 | Kazuko Ito | Human Rights Now | Japan |
| 63 | Kazumasa Saigo | Free the Children Japan | Japan |
| 64 | Kazumi Inamura | Greens Japan | Japan |
| 65 | Kazuo Shii | Member of House of Representatives | Japan |
| 66 | Kim Hyekyung | CCEJ / GCAP Korea | Korea |
| 67 | Kiyokazu Koshida | Hokkaido People's Forum on G8 Summit | Japan |
| 68 | Kiyomi Tsujimoto | Member of House of Representatives | Japan |

| | | | |
|---|---|---|---|
| 69 | Kiyotaka Takahashi | Japan International Volunteer Center (JVC) | Japan |
| 70 | Kiyotaka Watanabe | Hunger Free World | Japan |
| 71 | Koh Ohsaki | Buddhist Temple Kodo San | Japan |
| 72 | Kouichi Hasegawa | Miyagi Environmental Life Out-reach Network | Japan |
| 73 | Kumiko Takemori | Japan International Volunteer Center (JVC) | Japan |
| 74 | Kyoichi Bessho | SAGAWA EXPRESS | Japan |
| 75 | Kyoko Kawasaka | Kiko Network | Japan |
| 76 | Louis da Gama | Global Health Advocates | United Kingdom |
| 77 | Luca De Fraia | ActionAid Italia | Italy |
| 78 | Lydinyda B. Nacipil | Jubilee South-Asia/Pacific | Philippines |
| 79 | M. A. AJILEYE | Embassy of Nigeria in Japan | Nigeria |
| 80 | Maki Kimoto | RESULTS Japan | Japan |
| 81 | Makio Tanzawa | World Clean Project | Japan |
| 82 | Makoto Ikeda | Hokkaido International Foundation | Japan |
| 83 | Manami Suzuki | Greenpeace Japan | Japan |
| 84 | Maria Lourdes Khan | Global Campaign for Education | Philippines |
| 85 | Maria Lourdes Tabios Nuera | Freedom from Debt Coalition | Philippines |
| 86 | Masaaki Ohashi | 2008 Japan G8 Summit NGO Forum / JANIC | Japan |
| 87 | Masaharu Sakai | Global Environment Initiative | Japan |
| 88 | Masakazu Hayashi | Global Environment Initiative | Japan |
| 89 | Masaki Inaba | Africa Japan Forum (AJF) | Japan |
| 90 | Masaki Ioku | Citizen's Environmant Summit Committee | Japan |
| 91 | Masako Hoshino | 2008 Japan G8 Summit NGO Forum | Japan |
| 92 | Masako Konishi | WWF Japan | Japan |
| 93 | Matthew M Kavanagh | RESULTS educational fund | USA |
| 94 | Maurizio Gubbiotti | Legambiente onlus | Italy |
| 95 | Michael Seigel | Justice+Peace/Japan | Japan |
| 96 | Midori Kitahashi | Japan Youth Ecology League International Team | Japan |
| 97 | Midori Tanihara | Ehime Global Network | Japan |
| 98 | Mie Asaoka | Kiko Network | Japan |
| 99 | Mieko Kawamichi | Biodiversity Network Japan | Japan |
| 100 | Mika Ohbayashi | Institute for Sustainable Energy Policies (ISEP) | Japan |
| 101 | Mikado Kondo | Africa Japan Forum (AJF) | Japan |
| 102 | Miki Yoshida | TICAD Civil Society Forum (TCSF) | Japan |
| 103 | Mina Sakai | Indigenous Peoples Summit in Ainu Mosir 2008 | Japan |
| 104 | Minar Pimple | United Nations Millennium Campaign | India |
| 105 | Minori Tanimura | World Vision Japan | Japan |
| 106 | Mitsutoshi Hayakawa | Citizens' Alliance for Saving the Atmosphere and the Earth (CASA) | Japan |
| 107 | Morrow Gaines Campbell III | Vitae Civilis Institute for Development, Environment and Peace | USA |

| | | | |
|---|---|---|---|
| 108 | Nanao Kurasawa | Iruka & Kujira (Dolphin & Whale) Action Network (IKAN) | Japan |
| 109 | Naoki Nishio | World Clean Project | Japan |
| 110 | Nobuhiko Katayama | World Vision Japan | Japan |
| 111 | Noriko Shirasu | RESULTS Japan | Japan |
| 112 | Olayide Akanni | Journalists against AIDS | Nigeria |
| 113 | Paola Giuliani | ActionAid Italia / Osservatorio Italiano sull'Azione Globale contro l'AIDS | Italy |
| 114 | Peter Ritchie | Ritchie Communications | United Kingdom |
| 115 | Philip Clapp | Pew Environment Group | USA |
| 116 | Prune Helfter | Médecins du Monde Japon | Japan |
| 117 | Rachel Wilson | PATH | USA |
| 118 | Reiko Suzuki | Millennium Promise Japan | Japan |
| 119 | Reinhard Hermle | Deine Stimme gegen Armut / GCAPGermany | Germany |
| 120 | Ryutaro Yatsu | Ministry of Environment | Japan |
| 121 | Sachie Ikeda | Shikoku Environmental Partnership Office | Japan |
| 122 | Sanjay Vashist | Centre for Global Environment Research, The Energy and Resources Institute | India |
| 123 | Satoru Yuyama | JOICFP | Japan |
| 124 | Satoshi Hirata | Asia Volunteer Center | Japan |
| 125 | Satoshi Noumura | Institute for Sustainable Energy Policies (ISEP) | Japan |
| 126 | Satoshi Onda | Citizen's Environment Summit Committee | Japan |
| 127 | Sayaka Funada Classen | TICAD Civil Society Forum (TCSF) | Japan |
| 128 | Seiji Hara | Fukuoka NGO Network | Japan |
| 129 | Sergey Tsyplenkov | Greenpeace Russia | Russia |
| 130 | Sergio Marelli | Associazione ONG Italiane | Italy |
| 131 | Shinsaku Nohira | PEACE BOAT | Japan |
| 132 | Son Ei | Kyoto University | China |
| 133 | Sony Kapoor | DEFINE (The Development, Environment & Finance International Exchange) | United Kingdom |
| 134 | Stephanie Tunmore | Greenpeace International | United Kingdom |
| 135 | Stephen Cockburn | WaterAid / End Water Poverty | United Kingdom |
| 136 | Sumie Asatori | Space Allies | Japan |
| 137 | Sumie Ishii | JOICFP | Japan |
| 138 | Taisuke Miyauchi | Hokkaido People's Forum on G8 Summit | Japan |
| 139 | Takashi Shimosawa | Japan NGO Center for International Cooperation (JANIC) | Japan |
| 140 | Takehiko Nakao | Ministry of Finance | Japan |
| 141 | Takeshi Yasuma | Citizens Against Chemicals Pollution (CACP) | Japan |
| 142 | Takumo Yamada | Oxfam Japan | Japan |
| 143 | Takuya Imasato | Asia Volunteer Center | Japan |

| | | | |
|---|---|---|---|
| 144 | Tatsuo Hayashi | Hottokenai Sekai no Mazushisa | Japan |
| 145 | Tatsuro Kuroda | TRANSPARENCY INTERNATIONAL JAPAN (TI-J) | Japan |
| 146 | Tatsuya Hata | Shanti Volunteer Association (SVA) | Japan |
| 147 | Toko Tomita | Hunger Free World | Japan |
| 148 | Tomoko Hoshino | Environmental Partnership Council (EPC) | Japan |
| 149 | Toru Umeda | TRANSPARENCY INTERNATIONAL JAPAN (TI-J) | Japan |
| 150 | Toshimi Ichikawa | Hokkaido People's Forum on G8 Summit | Japan |
| 151 | Winstone Zulu | STOP TB Partnership | Zambia |
| 152 | Yasushi Hibi | Conservation International Japan | Japan |
| 153 | Yoko Fukawa | Pacific Asia Resource Center (PARC) | Japan |
| 154 | Yoshinori Shinohara | WCRP Japan | Japan |
| 155 | Yosuke Ikehara | WWF Japan | Japan |
| 156 | Yugo Ono | Hokkaido People's Forum on G8 Summit | Japan |
| 157 | Yuka Iwatsuki | Action against Child Exploitation (ACE) | Japan |
| 158 | Yuko Mitsumoto | A SEED JAPAN | Japan |
| 159 | Yuko Oaku | PEACE BOAT | Japan |
| 160 | Yurika Ayukawa | 2008 Japan G8 Summit NGO Forum / WWF Japan | Japan |
| 161 | Yuta Hayashi | A SEED JAPAN | Japan |

Forum Umwelt und Entwicklung

G8 Gipfel 2007

# Civil G8 Dialogue

***A conference hosted by the German NGO Forum on Environment and Development in association with VENRO and the German G8 Presidency***

**Date and Venue:** Beethovenhalle, Bonn – April 25 and 26, 2007

**Participants:** 300 civil society representatives from G8-countries, emerging and developing countries and representatives of the G8 Presidency.

**Language:** All panels and the round table discussion have simultaneous translation (English/German). The workshops will be held in English.

## Agenda

### Wednesday, April 25, 2007

| | |
|---|---|
| 11:00 – 13:00 | Registration |
| 13:00 – 13:55<br>studio | **Opening**<br>**Regine Günther** – German NGO Forum on Environment and Development<br><br>Keynote Address by Federal Minister of Economic Cooperation and Development, Heidemarie Wieczorek-Zeul<br><br>Audience Q&A<br><br>Facilitator: **Jürgen Maier** – German NGO Forum on Environment and Development |
| 13:55 – 14:00 | Break |

Forum Umwelt und Entwicklung

G8 Gipfel 2007 Heiligendamm

| | |
|---|---|
| 14:00 – 15:30<br>studio | **The G8-Process and the Heiligendamm Summit – Civil Society Criticism, Expectations and Perspectives**<br>Introduction: **Ulrich Post** – VENRO (Association of German Development NGOs)<br><br>**Ulrich Benterbusch** – G8 Presidency<br>**Ella Pamfilova** – Civil G8 Russia 2006<br>**Jürgen Maier** – German NGO Forum on Environment and Development<br>**Tobias Münchmeyer** – Greenpeace Germany<br>**Peter Wahl** – Attac Germany<br><br>Facilitator: **Ruth Gütter** – Evangelical Church in Germany (EKD) |
| 15:30 – 16:00 | Break |
| 16:00 – 17:30<br>studio | **Panel I: World Economy**<br>Introduction: **Martin Khor** – Third World Network<br><br>**Dr. Karl-Ernst Brauner** – Federal Ministry of Economics and Technology<br>**Ronnie Hall** – Friends of the Earth International (Coordinator Trade, Environment and Sustainability Programme)<br>**Dr. Eric Noehrenberg** – International Federation of Pharmaceutical Manufacturers and Associations (International Trade and Market Policy Director)<br><br>Facilitator: **Monika Hoegen** - Journalist |
| 17:30 – 18:00 | Break |
| 18:00 – 19:30<br>studio | **Panel II: Africa**<br>Introduction: **Fr. George Ehusani** – Catholic Bishops Conference (Nigeria)<br><br>Parliamentary Secretary of State, **Karin Kortmann** – Fed. Ministry of Economic Cooperation and Development<br>**Henry Sinjwala Malumo** – Global Call to Action Against Poverty (Zambia)<br>**Michael Windfuhr** – Bread for the World (Germany)<br><br>Facilitator: **Millicent Botsio** – Oldenburg Ecumenical Center |
| 20:00 – 22:00<br>Altes Rathaus<br>(City hall) | **Reception**<br>hosted by the mayor of the city of Bonn (Buffet) |

Forum Umwelt und Entwicklung

G8 Gipfel 2007 Heiligendamm

# Agenda

**Thursday, April 26, 2007**

| | |
|---|---|
| 08:00 – 09.30 | Registration |
| 09:30 – 11:00<br>studio | **Panel III: Climate/Energy**<br>Introduction: **Michael Anthony** – Allianz<br><br>**Dr. Karsten Sach** – Federal Ministry for the Environment<br>**Angelika Zahrnt** – Friends of the Earth Germany<br>**Hans Verolme** – World Wildlife Fund International<br><br>Facilitator: **Jennifer Morgan** – E3G |
| 11:00 – 11:15 | Break |
| 11:15 – 12:30<br>meeting rooms 1 – 6 | **Workshop session part I** |
| 12:30 – 13:45<br>foyer and restaurant Da Capo | Lunch Break (Buffet) |
| 13:45 – 15:30<br>meeting rooms 1 - 6 | **Workshop session part II**<br>Note: this is a continuation of the same workshops as in part I ! |
| 15:30 – 16:00 | Break |
| 16:00 – 17:40<br>studio | **Plenary with the G8 Sherpas**<br>*Round table with 30 participants + audience*<br><br>Agenda:<br>Keynote address by the German Sherpa, Vice Minister **Dr. Bernd Pfaffenbach**<br>World Economy: Inputs and discussion<br>Climate/Energy: Inputs and discussion<br>Africa: Inputs and discussion<br><br>Facilitators: Vice Minister **Dr. Bernd Pfaffenbach** and<br>**Jürgen Maier** – German NGO Forum on Environment and Development |
| 17:40 – 17:50<br>studio | **Conclusion and Outlook**<br>Vice Minister **Dr. Bernd Pfaffenbach**<br>**Michael Frein** – German NGO Forum on Environment and Development |

Forum Umwelt und Entwicklung

G8 Gipfel 2007 Heiligendamm

# Workshops

| | |
|---|---|
| **Climate/Energy** | **Dr. Karsten Sach** – Fed. Ministry for the Environment:<br>*„The German G8 Agenda on Energy and Climate"*<br>**Katherine Watts** – Climate Action Network Europe:<br>*„International Energy and Climate Policy and NGO Expectations"*<br>**Steve Sawyer** – Global Wind Energy Council:<br>*„Renewables: Effects on the Labour Market and World Market Prospects"*<br>**Katya Perez Guzman** – Centro Mexicano de Derecho Ambiental:<br>*"Climate and Energy Negotiations from an Emerging Country Perspective"*<br><br>Facilitator: **Jennifer Morgan** – E3G |
| **Africa** | **Thomas Albert** – Fed. Ministry of Economic Cooperation and Development:<br>*„The German G8 Agenda for Africa"*<br>**Dr. Raoul Bagopha** – Misereor, Germany:<br>*"Does Africa have an agenda for the G8 Summit? Expectations and Demands of African Civil Society"*<br>**Dr. Christine Sadia** – United Nations Development Fund for Women:<br>*„The Right to Life and Universal Access to Treatment, Care and Prevention for HIV/AIDS as an Agenda Item for the G8 Summit"*<br>**Regis Mtutu** – Treatment Action Campaign, South Africa:<br>*"Expectations of the South towards G8: Problems and Challenges regarding HIV/Aids"*<br>**Heiko Schwiderowski** – German Chamber of Industry and Commerce:<br>*„Combating HIV/AIDS: Responsibility for Foreign Investors"*<br><br>Facilitator: **Dr. Hildegard Hagemann** – Justitia et Pax, Germany |
| **World Economy and Investment** | **Dr. Berend Diekmann** – Fed. Ministry of Economics and Technology:<br>*"The German G8 Agenda on World Economy and Investment"*<br>**Odour Ong'wen** – SEATINI, Kenya:<br>*„What kind of International Investment Policy would the South profit from?"*<br>**Dirk Manske** – Business Advisory Committee to the OECD, BIAC:<br>*„Why Open Markets for Investment Matter"*<br>**Iara Pietricovsky** – INESC, Brazil:<br>*"Political Implications and Consequences of decreasing Foreign Investment in Latin America"*<br><br>Facilitator: **Mona Bricke** – German NGO Forum on Environment and Development |

Forum Umwelt und Entwicklung

G8 Gipfel 2007

| | |
|---|---|
| **Intellectual Property Rights** | **Johannes-Christian Wichard** – Fed. Ministry of Justice:<br>*„The German G8 Agenda on Intellectual Property Rights"*<br>**Sanya Smith** – Third World Network, Malaysia:<br>*„Current IPR and Patent Systems from a Developing Country Point of View"*<br>**Dr. Eric Noehrenberg** – International Federation of Pharmaceutical Manufacturers and Associations<br>*"IPRs: Encouraging Innovation to Promote Public Health in Developing Countries"*<br>**Oliver Moldenhauer** – Medecins Sans Frontières:<br>*„Lack of Access to Essential Medicines: Alternatives to the Current Patent Based System"*<br><br>Facilitator: **Janet Hall** – UN-Foundation |
| **Biodiversity** | **Dr. Elsa Nickel** – Fed. Ministry for the Environment:<br>*„The German G8 Agenda on Biodiversity"*<br>**Prof. Manfred Niekisch** – German League for Nature and Environment DNR:<br>*„Forest Conservation: The neglected Priority"*<br>**Martin Khor** – Third World Network:<br>*„Protection and Utilization of Biodiversity in a North-South Context"*<br><br>Facilitator: **Christine von Weizsäcker** – Ecoropa |
| **Raw Materials** | **Dr. Guido Glania** – Federation of German Industries:<br>*„Access to Raw Materials from the Perspective of German Industry"*<br>**Claude Kabemba** – Southern Africa Research Watch:<br>*„Revenue Transparency"*<br>**Nico Plooijer** – European Coalition on Oil in Sudan ECOS:<br>*„What Role do Extractive Industries play in Peace Building?"*<br>**Tillmann Braun** – Fed. Ministry of Economics and Technology:<br>*„The German G8 Agenda on Raw Materials"*<br><br>Facilitator: **Monika Hoegen** – Journalist |

German NGO Forum on Environment and Development, Am Michaelshof 8-10, 53177 Bonn
Fon: +49 (0) 228 35 97 04, Fax: +49 (0) 228 92 39 93 56, E-Mail: info@forumue.de, www.forumue.de
This conference is supported by the Open Society Institute OSI and the Human Rights Centre Russia.

Forum Umwelt und Entwicklung

G8-Dialog Zivilgesellschaft – Civil G8 Dialogue
25./ 26. April 2007
Beethovenhalle
Bonn

G8 Gipfel 2007 Heiligendamm

## *Round Table at the Civil G8 Dialogue, April 26 2007, 16:00 to 18:00*

### *Participants*

1. Sherpa Germany: Dr. Bernd Pfaffenbach (Vice Minister)
2. Sherpa Japan: Masahuru Kohno (Deputy Minister for Foreign Affairs)
3. Sherpa Italy: Stefano Sannino (Diplomatic Advisor to the Prime Minister)
4. Sherpa Canada: David Mulroney (Deputy Minister of Foreign Affairs)
5. Sherpa France: Maurice Gourdault-Montagne (Diplomatic Advisor)
6. Sherpa USA: David H. Mc Cormick (Deputy National Security Advisor)
7. Sherpa United Kingdom: Oliver Robbins (Principal Private Secretary)
8. Sherpa Russia: Igor Shuvalov (Aide to the President of the Russian Federation)
9. Sherpa European Union: Joao Vale de Almeida (Head of Cabinet of the President)
10. Jürgen Maier (German NGO Forum, Director)
11. Ella Pamfilova (Council on Civil Society Institutions and Human Rights, President -Russia)
12. Regine Günther (German NGO Forum, Steering Committee Speaker)
13. Michael Frein (German NGO Forum, Steering Committee Speaker)
14. Dr. Reinhard Hermle (VENRO/Oxfam - Germany)
15. Dr. Claudia Wörmann (Federation of German Industries)
16. Odour Ong'wen (SEATINI - Kenya)
17. Wilfrid Steen ( Church Development Service, Board of Directors - Germany)
18. Fr. George Ehusani (Catholic Bishops Conference Nigeria, Secretary General - Nigeria)
19. Prof. Dr. Manfred Niekisch (DNR, Vice President - Germany)
20. Mika Ohbayashi (Institute for Sustainable Energy Policies, Director - Japan)
21. Hans Verolme (WWF International, Director of Global Climate Change Programme - USA)
22. Marta Ruiz (EURODAD - Belgium)
23. Dr. Jürgen Eckl (Confederation of German Trade Unions, Director – Germany)
24. Nikki Skuce (Canadian Renewable Energy Association, President – Canada)
25. Janet Hall (UN Foundation – USA)
26. Martin Khor (Third World Network, Director - Malaysia)
27. Steve Sawyer (Global Wind Energy Council, Secretary General - USA)
28. Sergio Marelli (G7-Coalition/Assosiazione ONG Italiane – Italy)
29. Katherine Watts (Climate Action Network Europe – United Kingdom)
30. Khalil Elouardighi (Action Against Aids – France)

Forum Umwelt und Entwicklung

G8-Dialog Zivilgesellschaft – Civil G8 Dialogue
25./ 26. April 2007
Beethovenhalle
Bonn

G8 Gipfel 2007

*Agenda*

| | |
|---|---|
| 16:00 – 16:10<br>studio | **Opening (10 min)** |
| | Greetings and welcome address by Jürgen Maier and Vice Minister Dr. Bernd Pfaffenbach |
| | **World Economy** |
| | Input Vice Minister Dr. Bernd Pfaffenbach (5 min.) |
| | Input Martin Khor (3 min.) |
| | Input Dr. Claudia Wörmann (3 min.) |
| | Input Dr. Jürgen Eckl (3 min.) |
| | Discussion |
| | **Climate/Energy** |
| | Input Hans Verolme (3 min.) |
| | Input Sherpa – probably UK (3 min.) |
| | Input Sherpa – probably Russia (3 min.) |
| | Discussion |
| | **Africa** |
| | Input Odour Ong'wen (3 min.) |
| | Input Dr. Reinhard Hermle (3 min.) |
| | Input Sherpa – probably France (3 min.) |
| | Input Sherpa - probably USA (3 min.) |
| | Discussion |
| 17:40 – 17:50 | **Conclusion and Outlook (10 min.)** |
| | Vice Minister Dr. Bernd Pfaffenbach on Round Table(5 min.) |
| | Michael Frein on Civil G8 Dialogue (5 min.) |
| 17:50 – 18:00<br>embankment | **Group photo (10 min.)** |

We can change the world.
2008 Japan G8 Summit
NGO Forum

# Civil G8 Dialogue

*Provisional Agenda*

Dates: 23-24 April, 2008
Vanue: Kyoto International Community House
Hosted by 2008 Japan G8 Summit NGO Forum, in cooperation with Ministry of Foreign Affairs of Japan
Aims: Coinciding with the Sherpa meeting, to put forward civil society perspectives on the issues on the official agenda of the G8 Hokkaido Toyako Summit. To deepen discussion among international civil society actors, and bring collective civil society recommendations directly to the G8 sherpas at a roundtable discussion. To be participated by around 200 people.

## 23rd April, 2008

| | |
|---|---|
| 9:10 – 10:00 | Registration |
| 10:00 – 10:20<br>Event Hall | **Opening Plenary**<br>Welcome remarks: Masako Hoshino, Chair, 2008 Japan G8 Summit NGO Forum |
| 10:20– 12:00<br>Event Hall | **Plenary Session I : G8 Process and the Toyako Summit: Perspectives, expectations and recommendations from the civil society**<br>Keynote address: Yurika Ayukawa, Vice Chair, 2008 Japan G8 Summit NGO Forum/WWF Japan<br>Speakers:<br>Takehiko Nakao, Senior Deputy Director-General, International Bureau, Ministry of Finance<br>Chandra Kirana Prijosusilo, Revenue Watch Institute, Indonesia (tbd)<br>Hisashi Nakamura, Research Fellow, Ryukoku University<br>Juergen Maier, German NGO Forum for Development and Environment<br>Sergey Tsyplenkov, Greenpeace Russia<br>Facilitator: Masaaki Ohashi, Vice Chair, 2008 Japan G8 Summit NGO Forum/JANIC |
| 12:00 – 13:30 | Lunch break (Special Conference Room) |
| 13:30 – 14:50<br>Event Hall | **Plenary Session II: ~Poverty and Development~ "Toward Achieving MDGs-Poverty Eradication and Social Justice"**<br>Introduction: Overview on Development and MDGs<br>Irfan Mufti , Global Call to Action against Poverty (GCAP)<br>Speakers:<br>Financing for Development: Luca da Fraia ,ActionAid Italy<br>Global Health: from the view of African Civil Society: Olayide Akanni ,Journalists against AIDS (JAAIDS Nigeria)<br>Gender: Kalyani MENON-SEN,JAGORI, India<br>G8 Host Country: Masaki Inaba, 2008 Japan G8 Summit NGO Forum/Afrcia Japan Forum<br>Facilitator: Nobuhiko Katayama, 2008 Japan G8 Summit NGO Forum/World Vision Japan |
| 14:50 – 15:10 | Coffee Break |
| 15:10 – 16:30<br>Event Hall | **Plenary Session III: ~G8 countries and Environment~**<br>Introduction: Phil Clapp, Pew Trust Foundation<br>Speakers: Ryutaro Yatsu, Councilor for Global Environment, Ministry of Environment, Japan<br>Mie Asaoka, Kiko Network<br>Athena Ronquillo, Sustainable Energy Community<br>Jeffrey Alan McNeely, International Union forof Consevation of Nature<br>Emmanuel Maria C. CALONZO, Global Alliance for Incinerator Alternatives<br>Facilitator: Peter Ritchie, Ritchie Communications |
| 16:30-16:40 | Break |
| 16:40-18:00<br>Event Hall | **Plenary Session IV: ~Peace and Human Rights~ "G8 Official Agenda and Rights-based Approach"**<br>Speakers:<br>Anselmo Lee, FORUM-ASIA<br>Minnie Degawan, Indigenous Peoples Network for Change<br>Fadi Fayez Abi-Allam, Permanent Peace Movement<br>Commentators:<br>Hideaki Uemura, 2008 Japan G8 Summit NGO Forum/Shimin Gaikou Centre<br>Kiyotaka Takahashi, 2008 Japan G8 Summit NGO Forum/Japan International Volunteer Center<br>Kazuko Ito, 2008 Japan G8 Summit NGO Forum/Human Rights Now<br>Facilitators: Hideaki Uemura & Kiyotaka Takahashi |
| 18:30 – 20:00<br>Special Conference Room | **Reception** |

**24th April, 2008**

| | |
|---|---|
| 09:10 – 10:00 | Registration |
| 10:00 – 12:00<br>Various venues | **Workshops I** : Environment (Climate Change, 3R Initiative),<br>Development (Financing for Development, Global Health, Anti-Corruption)<br>Peace and Human Rights |
| 12:00-13:30<br>Special Conference Room | Lunch Break |
| 13:30 – 15:30<br>Various venues | **Workshops II** : Environment (Climate Change, Biodiversity),<br>Poverty and Development<br>Peace and Human Rights |
| 15:30 – 16:00 | Coffee Break |
| 16:00 – 18:00<br>Event Hall | **Roundtable discussion with the G8 Sherpas**<br>Attended by around 20 discussants and 200 observers<br><br>Co-Facilitator: Mr. Masaharu Kohno, G8 sherpa of Japan, Ministry of Foreign Affairs<br>(Environment) Ms. Mika Ohbayashi, 2008 Japan G8 Summit NGO Forum<br>(Development) Ms. Sumie Ishii, 2008 Japan G8 Summit NGO Forum<br><br>Agenda<br><br>Introduction Remark: Mr. Masaharu Kohno, G8 sherpa of Japan<br><br>Discussion with G8 sherpas and CSO discussants<br>Environment/Climate Change<br>Development/Africa |
| 18:00 – 18:10<br>Event Hall | Closing |
| 18:30- | Press Conference (Event Hall) |

**Workshop I: 10:00-12:00**

| Environment | Peace and Human Rights | Poverty and Development |
|---|---|---|
| **Climate Change (Conference Room 1/1F)** | **Democratization and Good Governance (Conference Room 3/3F)** | **Financing for Development (Event Hall/1F)** |
| Introduction: Yurika Ayukawa, WWF Japan<br>1. Junkwan AHN, KFEM, South Korea<br>2. Sanjay Vashnit, TERI, India<br>3. Huzi Mshelia, Director, Clean Energy and Environment Initiative, Nigeria<br>4. Morrow Gaines Campbell III, Vitae Civilis Institute for Development, Environment and Peace, Brazil<br>5.Discussion:<br>Facilitator: Kathrin Gutmann<br>Discussion Points: Wojciech Stepniewski, Climate Change Coalition, Poland<br>*Interpreted consecutively | Facilitators: Kazuko Ito, Human Rights Now (Japan)<br>Speaker:<br>Anselmo Lee, Forum Asia<br>Discussion<br>Wrap Up<br>*Interpreted consecutively | Facilitator: John Ruthrauff, InterAction (USA)<br>ODA: Ms. Farida Akhter UBINIG (Bangladesh)<br>Education: Maria Khan, GCE (Philippine)<br>Innovative Financing and World Economy: Sony Kapoor, DEFINE(UK)<br>Discussion<br>Wrap Up<br>*Interpreted simultaneously |

| 3R Initiative (Conference Room 2/1F) | | Global Health (Seminar Room/3F) |
|---|---|---|
| Introduction: Mr. Yasuma<br>DVD: Exporting Harm: The High-Tech Trashing of Asia<br>Mr. Emmanuel Maria C. CALONZO<br>Discussion<br><br>*Interpreted consecutively | | Facilitator: tbd Introduction: tbd, Japan<br>Resource Person:<br>1.Ann Peterson, World Vision International, the USA 2.Jill Sheffield, Family Care International, the USA 3. Oayide Akanni, Journalists against AIDS Nigeria, Nigeria 4.Paola Giuliani, Action Aid italia, Italia 5. Louis da Gama, Global Health Advocates, the UK 6. Dr. Ahmed Elsony, IUATLD, the Sudan 7. Winston Zulu, Kala Counselling 8. Irungu Houghton, OXFAM GB Kenya 9. Dorothy Shaw, FIGO<br>Discussion & Wrap-up<br>*English Only |
| | | **Anti-Corruption (Conference Room 4/3F)** |
| | | Facilitator Mr. Tatsuro Kuroda, TI-Japan, Chairman<br>Mr. Cobus de Swardt, Managing Director of Transparency International, South Africa<br>Ms. Chandra Kirana, Revenue Watch Institute (Indonesia) Coordinator<br>Mr. Toru Umeda, TI-Japan, Vice-Chairman, Prof. Reitaku Univ.<br>*Interpreted consecutively |

## Workshop II : 13:30-15:30

| Environment | Peace and Human Rights | Poverty and Development |
|---|---|---|
| **Climate Change (Conference Room 1/1F)** | **Better Process for G8 and the Role of Civil Society (Conference Room 3/3F)** | **Poverty and Development (Seminar Room/3F)** |
| Facilitator: Stephanie Tunmore, Greepeace International & Juergen Maier, German NGO Forum for Development and Environment<br>Discussion: What do we expect as an outcome of the G8 as a stepstone towards Pozman and Copenhagen?<br>Discussion: What we need to require Japan's G8 to achieve?<br>*Interpreted consecutively | Facilitators:Hideaki Uemura, Shimin Gaiko Center (Japan)<br>Speaker<br>-Kiyotaka Takahashi,JVC<br>-Fadi Fayez Abi-Allam, Permanent Peace Movement, Lebanon<br>-Kiyokazu Koshida, Hokkaido Peace Centre, Japan<br>*Interpreted consecutively | Co-Facilitator:<br>Luca de Fraia ,ActionAid Italy<br>Sumie Ishii, NGO Forum/JOICFP<br>Report from the workshops<br>Discussion<br>Wrap-Up<br>*Interpreted consecutively |
| **Biodiversity (Conference Room 2/1F)** | | |
| Facilitator & Introduction<br>Hidenori Kusakari, WWF Japan<br>Resource Person:<br>1. Jeffrey Alan MCNEELY, IUCN<br>2. Yasushi Hibi, CI Japan, Japan<br>3. Nanami Kurasawa, Dolphin & Whale Action Network, Japan<br>4. Yuta Hayashi, A SEED JAPAN, Japan<br>Discussion : Biodiversity Issues obtained to Toyako Summit<br>Wrap Up : Biodiversity Issues obtained to Toyako Summit<br>*Interpreted consecutively | | |

- Plenary sessions to be interpreted simultaneously (English and Japanese)
- Workshops to be interpreted simultaneously and consecutively (English and Japanese) except "Global Health"

Abbildung 7: Einbindungsformen

| Art / Bezeichnung der Einbindungsform | Differenzierung | Beispiel | Quelle |
|---|---|---|---|
| | Schaffung von Anlaufstellen, Kontaktpersonen für NGOs bei internationalen Organisationen | Desk-Officers (zuständige UNO-Mitarbeiter) | Frantz/Martens 2006: 92<br>Mohr 2005: 320 |
| Operative Zusammen-arbeit | NGOs als Dienstleister und Kooperationspartner<br>Einbindung bei der Projektimplementierung | 2001 waren NGOs bei 67% aller Weltbank Projekte beteiligt.<br>Umsetzung von UNO Projekten | Mohr 2005: 313<br>Frantz/Martens 2006: 96f. |
| | Einbeziehung von NGOs in die Planung und das Design von Projekten | | Mohr 2005: 313 |
| „Partizipationsmöglichkeiten im Rahmen des Policy-Dialogs" (Mohr 2005: 314) | Ad-hoc-Konsulatationen mit NGOs | Z.B. bei der Weltbank | Mohr 2005: 314 und 320 |
| | Offizielle, institutionalisierte Informations- und Diskussionsveranstaltungen mit NGOs | NGO-Weltbank-Komitee<br>„Die seit 1999 stattfindenden Informations- und Diskussionsveranstaltungen mit NGOs während der Frühjahrs- und Jahrestagungen von Weltbank/IWf." | Frantz/Martens 2006: 91<br>Mohr 2005: 314 und 321 |
| | Beteiligung der NGOs an der Ausarbeitung nationaler Strategiepapiere | Z.B. in Kooperation mit dem IWF | Mohr 2005:317 |
| | Informelle/semi-informelle Kontakte und Gespräche zum Informationsaustausch und Lobbying | Arria-Treffen bei der UNO<br>NGO Working Group on the Secutrity Council | Frantz/Martens 2006: 103ff |
| Zugangsrechte zu und Teilnahme an Verhandlungsprozessen und Entscheidungsgremien | Beobachterstatus<br>Mit Rederecht, Anhörungsrechte<br>Mit Stimmrecht | Konsultativstatus bei der UNO | Mohr 2005: 316 und |
| | Zugang zu Informationen und offiziellen Dokumenten | Teilnahme an der Textentwicklung von Draft-versionen, Internetseite mit offiziellen Dokumenten (www.wto.org) | Frantz/Martens 2006: 94<br>Mohr 2005: 318 |
| | Aufnahme von NGOs in Regierungsdelegationen | Das UK NGO Trade Network war während der WTO Ministerkonferenz in Seattle 1999 Mitglied der Regierungsdelegation von Großbritannien. | Mohr 2005: 319 |
| Formale Beteiligungsrechte | | NGOs haben einen Partizipationsanspruch gegenüber der EU-Kommission und der politischen Bürokratie | Frantz/Martens 2006: 116 |

Quelle: siehe Spalte vier, eigene Zusammenstellung

# Fotos

Alle Fotos wurden am 25. und 26. April 2007 in Bonn von Susanne Schäfer aufgenommen.

Ministerin Heidemarie Wieczoreck-Zeul hält die Eröffnungsrede beim Civil-G8-Dialogforum.

Erste Podiumsdiskussion: Peter Wahl, Ulrich Post, Ulrich Benterbusch, Ruth Gütter, Jürgen Maier und Ella Pamfilova mit Dolmetscherin.

Das Auditorium während einer Podiumsdiskussion.

Das Podium im Workshop „Afrika“.

Namensschilder

Proteste vor der Beethovenhalle am zweiten Tag des Civil-G8-Dialog-forums.

Begegnung und Dialog zwischen den Gastgebern: Jürgen Maier, dem Chef vom Forum Umwelt und Entwicklung und der deutsche Sherpa Dr. Bernd Pfaffenbach.

Gruppenfoto mit Sherpas und NGO-Vertretern

Der „Runde Tisch“